七年一剑

清华学霸炒股记

魏海洪/著

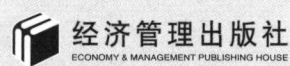

经济管理出版社

图书在版编目（CIP）数据

七年一剑：清华学霸炒股记/魏海洪著.—北京：经济管理出版社，2020.6
ISBN 978-7-5096-7149-8

Ⅰ.①七… Ⅱ.①魏… Ⅲ.①股票交易—研究—中国 Ⅳ.①F832.51

中国版本图书馆 CIP 数据核字（2020）第 093514 号

组稿编辑：勇　生
责任编辑：勇　生　王　聪
责任印制：任爱清
责任校对：陈　颖

出版发行：经济管理出版社
　　　　　（北京市海淀区北蜂窝 8 号中雅大厦 A 座 11 层　100038）
网　　址：www.E-mp.com.cn
电　　话：（010）51915602
印　　刷：三河市延风印装有限公司
经　　销：新华书店
开　　本：720mm×1000mm/16
印　　张：14.5
字　　数：230 千字
版　　次：2020 年 8 月第 1 版　2020 年 8 月第 1 次印刷
书　　号：ISBN 978-7-5096-7149-8
定　　价：48.00 元

·版权所有　翻印必究·
凡购本社图书，如有印装错误，由本社读者服务部负责调换。
联系地址：北京阜外月坛北小街 2 号
电话：（010）68022974　邮编：100836

谨以本书献给我高三的班主任，语文老师张石茵女士。

序 一

素描方舟忙哥，写意股市传奇

  清华学霸魏海洪，江湖人称忙哥，其实只是作者网名，顾名思义很忙的哥，为何而忙？为股而忙！在猴年马月某个投资俱乐部沙龙中，我有幸第一次结识忙哥，忍不住建议他修改一下这个忙字，没有想到他称因信奉巴菲特的搭档芒格，故取艺名忙哥以明其志，并自创深圳时代方舟资产管理有限公司以弘其志，并告知我即将学习炒股心得编辑成书，相约届时请我作序，这不禁让我肃然起敬，自嘲贻笑大方！及至三年后他与我及吴军三位创始合伙人重组成为时代方舟三剑客，他笑称愿做我俩背后的"芒格"或是做宋江水泊梁山的"吴用"。真是有缘人终成伙伴！

  其实，忙哥并非金融科班出身，也没有就职过正牌金融机构，完全是近十年来半路出家自学成才，但他股市学识之博闻强记、谈股论道之风迷雅俗无不令人艳羡！相比之下，尽管我攻读过投资专业硕士学位，在大的金融机构工作过20多年，通过牵头翻译《笑傲股市》《投资先锋》《学以致富》等名著，效法过欧奈尔、博格尔和林奇等投资大师，但若与忙哥切磋交流，时常感到力不从心、自愧不如。如果以天道酬勤来形容忙哥迄今为止取得的成就之原因真是恰如其分。他不仅自费30多万元参加培训、自学300多本中外名著，而且从股票至股指均知行合一，在实战中摸爬滚打探知冷暖，故而常听其告诫初学者务必牢记炒股是九死一生的营生，非真心所爱或迫不得已，千万不要自投罗网。似乎别的学友也绕不过他那样炼狱般的修炼，否则绝难修炼成精。

  理工男的背景加上处女座的星宿，很容易让人联想到忙哥是否过于刻板执着。其实刻板劲儿与他无关，他的文艺范儿十足了得，书中每个章节乃至平日每篇股评都恨不得古今中外引经据典，穷尽雅致又颇接地气，篇篇娓娓道来却雅俗共赏，尤其是深得文艺青年钟爱，甚至百读不厌。至于处女座的执着劲儿吧，忙

• 七年一剑 •

哥可是首屈一指，但凡他发愿要做什么事，定当风雨无阻砥砺前行。例如，某年某月发誓要坚持写股市周评，迄今为止他硬是坚持写了某年，而且每周还写三篇，篇篇毫不马虎，句句追求完美，从基本面谈至技术面，从心理面谈至资金面，从财经面谈至社会面乃至中外政治面，无不涉及浑然天成！再如，由于笃信任何行当专家务必专注修炼两万小时以上，他硬是平均每天耗时十个小时以上，围绕股事看书、拜师、研究、复盘、培训等，甚至只是相隔没多久的培训教案，他也要追求进化更新一半以上的内容，力求做到语不惊人誓不休！由于致力于既博采众长又时时进化，他自创了诸如价值博弈模型、牛二投资模型、股指浑天仪等，往往令人感到耳目一新，又令人觉得云山雾罩，不知道是哪门哪派，甚至不知道是他自己的哪个版本，铁杆粉丝往往趋之若鹜，严肃方家往往诟病不已，书中诸多内容均有可能让读者见人见智，务请包容赏析。

既然是芒格的拥趸，自然少不了普度众生的情怀，忙哥原来创立深圳时代方舟资产管理有限公司的愿景旨在"股海无边，方舟是岸"，重组之后的使命旨在做"时代先锋，资本方舟"。与优秀的投资人和合伙人在一起，按照"专注、精进、包容、共享"的企业精神，打造股海弄潮笑傲股市的资本方舟指日可待！将自己的学习心得整理成册，帮助广大股民学以致富便是他实现打造方舟初衷的第一步。不忘初心，使命必达！期待时代方舟以书为友，伴随广大股民度过A股黎明前的黑暗，告别牛短熊长的岁月，迎接曲折上行但熊短牛长的光明未来！

时代方舟董事长　宋三江

2020年6月15日

序 二
放飞，像鸟儿一样飞翔！

2018年10月，我第一次听到我的合伙人宋三江先生提到"忙哥"的名字，错听成了巴菲特的合伙人"芒格"。当时老宋说："有一个哥们儿，叫忙哥，他2015年成立了一家资产管理公司，一直没有入市投资股票，他最近准备大干一场了。"我当时非常惊讶：难道他的策略和我们完全一样？

2019年1月5日，老宋和我参加了忙哥主讲的一场A股投资沙龙，从2013年底开始，我已有5年没有参加过任何A股投资交流活动，从2015年6月空仓截至此时已有3年半。当离开市场前，我（新浪@吴军sz）发了一条微博，直接指向下一次牛市来临的时间是2019年，为了提前布局，我们从2018年10月开始通过与深圳某机构举办培训以及与北京大学举办公益公开课的方式，向市场传达我们对市场的看法。2019年1月4日，上证指数从2440点拔起，我觉得市场应该跌到底了，正在此时，忙哥选择这个时点搞投资沙龙，令我震惊！

忙哥的名字叫魏海洪，他在2015年创办的公司叫深圳时代方舟资产管理有限公司，经过一番交流沟通，我们最终走向合作，彼此成为事业合伙人。

从2019年3月底至5月1日小长假，忙哥一口气连续写了好几篇有影响力的文章，例如，《第三次警报拉响》《大盘在构筑复杂顶》《春牛结束》，直到5月5日晚上"时代方舟三剑客"连夜紧急直播《春牛结束，后市如何？》，第二天，惨绿一片，千股跌停。

忙哥说过一句话，让我这个大男人听起来心里软软的，他说："跟几个世界观、价值观一致的铁哥们儿合伙干事业，感觉很幸福！"

他很自律，常年坚持锻炼和跑马拉松。

他有原则，在风控关键节点和市场有重大情况时，提议召开紧急会议。

他很有温度，常常给大家带零食逗大家开心，也常常请客吃饭。

他很勤奋，常年坚持写《忙哥收评》，谈对形势和市场的看法。

他很博学，博览群书，引经据典，出口成章。

当然，我更希望他一直保持写作时的率真和随性，洋洋洒洒，挥斥方遒，一直写到他75岁的时候，甩掉钢笔，放飞，像鸟一样飞翔，潇洒地去做他梦想的事情——玩爵士乐。

忙哥的《七年一剑》已经完稿，推荐大家购买阅读。

深圳久久益资产管理有限公司董事长　吴　军

2020年6月19日

自 序
不疯魔，不成活

缘起：

外国人写书，喜欢在扉页写上感谢父母、献给爱人之类的话，国人则相对内敛、含蓄很多。笔者比较另类，行为每每出人意表，想想又在情理之中。理工男的处女作理应感谢当年的语文老师："谨以本书献给我高三班主任，语文老师张石茵女士。"

民间对清华大学有个说法，一流的本科，二流的硕士，三流的博士。作为毕业于清华大学经管学院的二流清华生，本人固然是自豪的，好歹也是清华系，至于副标题"清华学霸炒股记"则多少有点沽名钓誉，有吸引眼球的用意，请原谅这个。

首先声明，本人算不上学霸，学生时代一路淘气顽劣，学习成绩如同A股，过山车般起伏不定。初中考入本市最好的中学，省级十三所重点之一。中考则败走麦城，以压线的成绩上了次重点。特别悬的是，如果再少考1分，则会沦落到另一所非重点，据说那个学校的年级第一名只能考上大专。

到了高二快结束的时候，排名大概在年级中游的位置，班主任鼓励我：好好努力，考上大专还是有希望的。随后，我就遇到了高三班主任张石茵老师，尽管离高考只有一年时间，可对我似乎已经足够。有点像赛车游戏中的加氮气一样，嗖嗖加速。本人数学一直优异，语文平平，在张老师的鼓励和调教下，最终高考语文也得了高分。

我的人生有点诡异，本来是要上一个普通院校商科专业的，结果那年我的高考数学卷子少印了一题，被通知补考（全省唯一一例）。补考俺又"不负众望"多考了10分，阴差阳错被东南大学录取。东南大学很好，但电力专业却是被家长强迫选择的，以达到"子承父业"的目的。由此，奠定了我今后跌宕起伏的人生，包括从电力系统辞职、南下深圳、再读书、中年改行等。

我们赶上了改革开放的大好时代，早年笔者曾做过小程控交换机代理，但因为没有专业背景，只能做经销商赚差价，随着别人的产品沉浮。作为小企业主，多年的IT外设代理，也就马马虎虎混个中产，仅获得了民间荣誉："IT行业的奇葩。"

"越过山丘，才发现无人等候"。人到中年，才发现选择一个喜欢的领域深耕下去是很有味道、很有成就的事情。所以，对于年轻学子，本科阶段不建议选一些管理、营销、心理学等相对虚的专业，不如数学、法律、会计等有一技之长。我侄儿被顶级外企录用，不是因为美国计算机专业海归硕士，而是985东南大学数学本科。

十年前，有幸考上清华大学工商管理硕士，总算完成了一个小心愿。初期对公司管理提升很大，高峰时雇佣员工过百人，早年也曾羞涩地喊出过××年上市的口号。然而，现实很骨感，本行当充其量是个服务业，偏劳动密集。2011年是中国劳动力人口的拐点，GDP季度增速的峰值9.8%也在那年产生。作为小微企业的一个缩影，2011年本企业销售额新高，却不挣钱。随着成本的快速上升、毛利的下降，其后年年亏损直到关门歇业。

2011年5月，因为某种机缘巧合，本人开始了艰难的中年转行之路。2014年9月16日，开始写作股评专栏"忙哥周评"，并立誓要写十年。时间过半，意外收获了副产品《七年一剑》。2018年8月8日，开设"方舟忙哥"公众号，在自媒体领域小试牛刀。

感悟：

本以为，凭借自己多年的炒股经历，加之十数年的实业底蕴，还有不俗的经济、金融等理论功底，似乎进入了一个自己感兴趣的领域，就一定可以做出成就，没曾想"一入侯门深似海"。学习、盯盘、交易、总结累计时间远超2万小时，电脑屏幕都快被看穿了，也没有完全看透市场。

日本股神是川银藏，30岁的时候以70元入市，获利百倍。1982年85岁时，全日本个人所得排行榜第一。这样一位日本股神，在成功之后专门写了一本书，"我要告诉世人，靠股票致富是件几近不可能的事——这是我的使命"。这样的结果，是不是很吊诡？"每个人终其一生，都会遇到二三次的大好机会，能否及时把握这个千载难逢的良机，就得靠平常的努力与身心的磨炼"。在本书截稿的时候，

自 序

个人判断，我们正在面临人生难得的大好机会，您准备好了吗？

20世纪最伟大的投机家杰西·利弗摩尔总结道："从股市学真本事的方法只有一条：投入真金白银，跟踪你的交易，从失败中吸取教训。"作为市场参与者，对策远比预测重要。"预测"市场就是赌博，耐心等待，市场有了信号再"相机而动"就是投资。杰西在股市上涨的时候，永远紧盯领涨板块，骑牢龙头个股，这也是本人"屠龙刀"战法的思想源泉。

术的层面，相对容易学习，这也是每位市场参与者的必修课。技术分析大师托马斯·迪马克在其著作《技术分析新科学》中强调，要"减少技术分析的艺术性，增加科学性"。迪马克比较注重黄金分割，用于计算关键点位的预判，例如 0.382、0.5、0.618、1.382、1.618 等。很多"神奇"的预测，皆来源于此。

投资学习是一个做减法的过程，除了基础的技术、交易知识等外，知行合一是成功的根本。"正确的知识还得加上行为习惯改变的能力，才是成功的交易中最为重要的。"按照个人的总结，所谓成功必须要等心路走完，心路也可以简单理解为亏钱之路。阿瑟 L.辛普森在其著作《华尔街幽灵》中还强调："没有一个交易员不是损失了一半的资金后才知道那些行家里手是怎么做的。"

正如范·K.撒普在《通向财务自由之路》一书中所说的，"心理因素占据了系统的最关键环节，投资的精髓在于心态管理"。投资者不要迷恋任何所谓专家、大 V，"所谓判断或观点，在通向成功结果的道路上，被压缩成了微不足道的一个环节"。重点在于"对自己的理解和对游戏规则的理解"，形成适合自己的武功套路是成功的关键。

普通投资人，在股市不建议投入太多、陷得太深。在市场出现大级别行情的时候，酌情投入是比较安全的做法。如果选择做职业投资者，则必须做好充分的心理准备。首先要准备好一大笔学费用来交给市场，其次要做好几年没有稳定收入的准备，还有家庭其他成员的思想工作，准备好迎接没有安全感的生活，"输不起，你就赢不起"。

疯魔：

有人说，选择比努力重要，人生关键的节点就那么几步。"男怕入错行，女怕嫁错郎"。金融行业专家、学者不少，但证券行业的地位向来不高，炒股甚至被认为不务正业。事实上，证券行业是很严肃的行当，看起来门槛不高，做起来远不是那么回事。股票投资或证券交易，既是一门科学，也是一门艺术。

有些行业，不努力一定不成功，努力也不一定成功，证券行业即是如此。股民一定要重视良好心态的培养和心理健康，杰克·施瓦格在《金融怪杰》中强调"成功更多地来自心态，而不是方法"，所有的成功都来自良好的交易心态和正确的交易原则。成功的交易员更多来自数学、心理学、海军陆战队，分别代表规则、心态、纪律，或许可以给我们一定的启示。

每个股民一生中都会碰到足以改变财富命运的机会，正确的姿势是重仓持有不动，忍受过程波动的煎熬，但前提是要选对标的。吉姆·斯莱特在《祖鲁法则——如何选择成长股》中强调：做领域内的专家，在投资的时候，集中火力很重要，一直把注意力集中于小型股和微型股上。在过去的50年里，微型股的表现超出市场平均表现8倍以上，全神贯注于某一个拥有极有利前景的领域和行业。信念就成了心态的一部分，以平常心对待正常的波动，煎熬的心理代价会成为你下注的筹码。

证券行业成功后的巨大财富效应，吸引着一茬又一茬的投资者飞蛾扑火。作为中年改行的理工男，其中的艰辛不足为外人道。只是想告诫各位，这个行业真的很艰难，很多人穷其一生都未必能突出重围。好在，人类是靠故事和梦想激励与支撑的灵长类动物。巴菲特51岁事业刚起步，是川银藏63岁再度征战股市，查理·芒格95岁高龄还精神抖擞地出现在伯克希尔·哈撒韦股东大会。证券行业的好处是，假期多、自由，可以永不退休。

经历了"七年一剑"，笔者基本上把这趟浑水摸清楚了。本书完整记载了作者的学习收获、心路历程、对交易的感悟以及自己研发的所谓"七种武器"。如果不能劝退您，则至少希望读者能少走弯路。假设顺带还能让您有所收获，则是笔者之幸。

从发展的趋势来看，A股必将机构化，去散户化的进程将加快。笔者于2015年8月创立"深圳时代方舟资产管理有限公司"，经历了熊市的蛰伏，后有幸结识吴军、宋三江两位大神，并和其他几位志同道合者重启"方舟"。本人身兼"风控委员会主任"一职，致力于做"中国最有态度的风控总监"。同时，不想浪费数学、逻辑等理工男的优势，加之早期期货量化的积累，"量化投研委员会"主任一职当仁不让，主攻计算机程序化交易，以尽可能规避人性的弱点。

不疯魔不成活，指的是一种职业精神，敬业。古往今来的艺术大师、科学巨人等能成就一番大作为者，不乏疯魔之辈，唯有此等痴迷投入才能终成大器，完成大业，故有"不疯魔不成活"。证券交易既是科学也是艺术，笔者仅管窥殿堂之一隅。投资是一场马拉松，需要坚持和毅力，更需要科学地训练。我们需要健康的身体，这样才能活足够长的时间用来纠错和创造财富。

魏海洪

2020 年 5 月 18 日

目 录

第一部分　知己知彼

第一章　市场的本质 ……………………………………………… 3

第二章　认识自我 ………………………………………………… 9

第三章　了解他人 ………………………………………………… 13

第四章　人剑合一 ………………………………………………… 17

第二部分　技术分析精要

第五章　K线 ……………………………………………………… 25

第六章　分型 ……………………………………………………… 31

第七章　均线 ……………………………………………………… 35

第八章　节奏 ……………………………………………………… 41

第九章　形态 ……………………………………………………… 49

第十章　画线 ……………………………………………………… 59

第十一章　成交量 ………………………………………………… 65

第十二章	周期	79
第十三章	级别	85
第十四章	指标之王——MACD	89
第十五章	波动理论（上）	99
第十六章	波动理论（下）	109

第三部分　管窥基本面

第十七章	A 股周期论	119
第十八章	实战角度看财报	121

第四部分　构建交易系统

第十九章	打开交易之门	129
第二十章	交易基础之买卖依据	133
第二十一章	风险控制与仓位管理	139
第二十二章	系统评估及情绪管理	145

第五部分　实战秘籍之"七种武器"

第二十三章	如何捕捉牛股第二波	151
第二十四章	如何挖掘高送转牛股	163
第二十五章	牛股陡峭上涨的玄机	171

第二十六章	如何寻找龙头板块	183
第二十七章	如何捕捉"妖股"	191
第二十八章	个股"T+0"战法	197
第二十九章	如何抓涨停	205

参考文献	211
后　记	213

|第一部分|

知己知彼

第一章 市场的本质

一、市场的起源

股票市场最早起源于 17 世纪荷兰的阿姆斯特丹。1792 年，纽约交易所成立。我国最早的证券交易市场是清朝光绪末年由上海外商经纪人组织的"上海股份公所"和"上海众业公所"。中国人自己创办的第一家证券交易所是 1918 年夏天成立的北平证券交易所。1920 年，上海证券物品交易所得到批准成立。

香港最早的证券交易可以追溯至 1866 年。香港第一家证券交易所——香港股票经纪协会于 1891 年成立，1914 年易名为香港证券交易所；1921 年，香港又成立了第二家证券交易所；1947 年，这两家交易所合并为香港证券交易所。1969 年以后相继成立了远东、金银、九龙三家证券交易所；1986 年，四家交易所正式合并组成香港联合交易所。

中华人民共和国成立之后的第一只股票，是 1984 年发行的"飞乐音响"。1990 年底，上海证券交易所、深圳证券交易所相继开业。上交所第一批以申华控股为首的 8 家上市公司，被称为"老八股"。中小板成立于 2004 年 5 月，创业板 2009 年 10 月首批 28 家上市。目前两市共有 3557 只股票上市。1992 年 10 月，中国证监会成立。

和国际市场相比，A 股只有短短的 28 年历史，却承载了中国两代人的财富梦想。

二、股票市场的功能

世界"第八大奇迹"有很多种说法，包括秦兵马俑，还有爱因斯坦的"市场倍增学"。行为经济学界也将市场经济称为第八大奇迹，认为正是科技的进步和市场经济的奖赏，让人类脱离了蛮荒。随着现代企业制度的逐步建立和完善，世界经济空前发展。股份制的发明，解决了投资、利益分配与风险分散的问题。股票交易市场的出现，让普通投资者分享企业成长成为可能，也为股权换手和企业家退出提供了通道。

股市是国民经济发展的晴雨表，对宏观经济状况有一定的先验和指向作用。中国是一个高储蓄率国家，合理引导居民存款进入股市对提升实业的发展很有好处。近期最高领导提出的"科创板"对未来我国科技创新必然产生深远的意义，短期内市场从筹码扩容的角度简单理解是正常的，短期的下跌不会影响未来科创板的大力发展。前阵，市场人士一直在争论中国的纳斯达克到底是哪个，新三板也一度被寄予厚望。因为流动性不足这一天生缺陷，注定命运多舛。

美国的强大来自四个方面：制度（文化）、人才（移民）、科技（创新）、盟友（价值认同）。仅从科技创新来看，美国有大量的天使投资，投入到小型科技公司中去，大名鼎鼎的苹果公司也是从"车库"发展起来的。中国这几年天使投资、股权投资风起云涌，但退出通道并不畅通。科创公司失败率极高，"天使投资"顾名思义，投资者要有一颗天使的心，不是为了挣钱来的，只需怀揣梦想，等待"万一实现"即可。主板有流动性，但门槛很高，尤其是在规模和盈利方面。科创板的推出，可以解决门槛、盈利的问题，为创投企业提供了极好的套现平台。

三、股市的赌场属性

股市，包括期货等金融产品，除了投资功能、价值发现功能外，还有博弈价值。股票交易，尤其是短平快的操作，其行为和人们在赌场频繁下注类似。天朝股民"一赚二平七亏损"，这是通俗的说法，实际的赢家比例应该远低于10%。可为什么如此"残暴"的市场会让大部分股民流连忘返、不忍离场？除了被套、想扳本等因素外，还有交易本身的快感。

股票除了投资价值，对投资者的吸引力很大一部分来源于价格波动带来的收益，即投机性。除了收益性，交易本身带来的精神愉悦也不可忽视，否则很多行为没办法解释。

投资者对市场和自身要有清醒的认识，尽量追求理性投资，除了职业高频交易（多半用机器替代），大部分频繁交易都是不可取的。2015年的杠杆牛，是国人赌性的集中体验，除了收获股灾的经验、财富过山车般的跌宕起伏，历史的轮回从来就没有停止：盛宴、狂欢、一地鸡毛。

四、市场的生物进化

包括股市在内的金融市场，有着"偶然暴利"的吸引和"自由生活"的向往，几百年来吸引着无数"仁人志士"前赴后继。在一个不太成熟的市场，场面如"飞蛾扑火"般壮观。绝大部分中产阶级或富豪，一生当中都会接触或阶段性参与股票投资。探索股市规律，寻找交易圣杯就成了众多股民的理想与追求。

人是金融市场的主体，博弈是股票、期货等市场的核心，证券交易体现了科学与艺术的结合。交易市场产生了大量的数学符号，如价格、空间（高低）、成交量、时间等，理论上动能、时空属于物理学概念。总之，金融市场具备了一定的自然科学属性，但反推市场就是自然科学显然是不合理的。所谓自然科学是因果必然相连，逻辑严密，结论精确。部分技术分析爱好者崇尚预测，以预判点位的精准为乐事，有所偏差则怪自己学艺不精。

社会科学研究的是人、组织、行为等方面的学科，哲学、历史、管理等皆属此类。凡是有大量人的行为参与的，都有社会科学属性。艾略特的"波浪理论"近似地描绘了市场波动的节奏与轮廓，尽管被誉为20世纪最伟大的投资理论，但其本人及后代并没有靠该理论发家致富，收点版权费用养家糊口而已。艾略特发现的推动形态与回撤幅度等，无疑是开创性的，真正的技术分析鼻祖是"道氏理论"。由早一批"股评家""专家"鼓吹和推荐，波浪理论一度在中国大行其道。随着老一代股民逐渐退出历史舞台，波浪逐渐变成涟漪。

"江恩理论"据说结合了数学、天文学、玄学（占卜），试图精准描绘未来的市场走势，无论空间还是时间。江恩理论也许代表了技术派的理想，但现实同样骨感，江恩同时期的大作手居然没听说过这个人。坦白说，江恩理论的"灵光一闪"到底是概率上的巧合，还是自有奥妙，谁也说不清楚。该理论相对艰难、晦涩，近来研习者甚少。现代金融学科的前沿成果，多以心理学在金融方面的应用为主，诺贝尔经济学奖很多颁给了金融、经济与心理学的交叉学科专家，如丹尼尔·卡尼曼、西蒙等。

金融市场的本质是群体心理博弈，即资金面背后的人性和人心，观念、方法、意图的不同所产生的筹码交换。以上两大"经典"理论可能还不如索罗斯的"反身性"理论来得实用，反身性强调了市场人士的看法和行为又反过来对市场产生影响，牛市冲顶的繁荣和熊市探底的绝望无不显示了人类"非理性"行为的矫枉过正。投资也好，交易也罢，都需要参与者拥有"概率思维""逆向思考"，不要陷入"大众的癫狂"。在市场中赚钱并不难，难的是适可而止。

华尔街有句名言："人性亘古不变，投机如山岳般古老。"说的是人类贪婪、恐惧的本性很难改变。但并不是说每年、每一波牛熊、板块、牛股的完全相似性，股票交易理论更偏重实践性，人们研究过去的市场数据来推断行情的未来发展。"一旦你对过去的价格动作了然于胸，就有能力应对即将到来的波动，并从中获利！"（利弗摩尔）

股市是一个零和市场，如果考虑税费及大股东套现，基本上就是个负和的市场。理论上不可能存在一种科学的、固定的、永续的盈利模式，否则掌握"圣杯"的人会吸干市场的财富，让股市关门。萧条、复苏、繁荣、再萧条，循环往复，周而复始。业绩决定估值中枢，市场情绪决定估值的短期波动。市场仿佛一个巨大的、变幻莫测的"虫洞"，吸引并毁灭着一代又一代的参与者，无论你怎样努力进化，只可能阶段性站立鳌头，长期战胜市场从进化论角度看，是根本不可能的。

周洛华对于普通民众来说也许略显陌生，其祖父周谷城则名气大很多。周先生是生物学家，跨界哲学，"以哲学洞悉金融本质，以情怀呈现思辨之美"，写出了《金融的哲学》。笔者受益匪浅，特此鸣谢。

第二章 认识自我

一、股民众生相

1. 自我评价过高

戴尔·卡耐基在《人性的弱点》一书中，深刻剖析了人性的特点。每个人都倾向于认为自己很聪明，且不同程度高估自己的能力，不管嘴上说不说，"内心自视很高"。大多数人潜意识里都认为自己可以战胜市场中其他的人，问题是大家都是这么想的，这是证券市场韭菜源源不断的原因之一。

股票市场门槛低，操作简便，瞬间可以完成买卖，即刻体验盈利的快感。大多数散户都是后知后觉者，他们在市场情绪一片高涨中入市，行情末端的惯性上涨往往很快让参与者获利。此时的投资者不会认为是趋势的力量带给人们浮盈，而是觉得赚钱是凭借自己的聪明才智。小仓胜利，胆子渐大，腾挪资金加码，不用说行情见顶，一个中等级别的回踩足以让利润回吐完毕，且可能伤及本金。

2. 贪婪

古语云："人为财死，鸟为食亡。"贪婪是人类的天性之一，也是社会前行的动力。某种意义上攀比也是贪婪的表现形式之一，很多未经训练的新人，贸然入市也许是因为邻居、同事、亲戚、朋友赚钱故事的蛊惑。每个人都倾向于认为自己比别人聪明，也许本身并不缺股市那点盈利，攀比和虚荣导致他们轻举妄动，股市赚钱怎么少得了我？

3. 恐惧

恐惧包括两种，一种是亏钱的恐惧，另一种是担心浮盈减少的恐惧。赚大钱需要大心脏，我认识一些股市牛人，坚定的信念、对系统的执着以及无畏的勇气，让他们在巨大回撤面前选择坚守，最终迎来明媚的春天。当然，这些都是个案，成功者寥寥，某种意义上也有赌的成分，出名的都是赌对的胜利者。

面对股票次级别回踩，合理的动作是加仓，但大多数人不敢，加仓之后持仓成本抬高，担心进一步下跌连之前赚的钱都没了。所以不少人此时不但不加仓，反而选择出局。庄家的洗盘动作就是利用这种心理，太容易了，屡试不爽。

4. 健忘

人类是所有动物中智商最高的，也是记性最好的，但是在"健忘"这条，显然有点低级。短期交易行为主要受情绪波动影响，"一根中阳线，千军万马来相见"。熊市里面每出现一根大阳线，都会有人问，是不是行情反转了，或者干脆问：是不是牛市来了？刚刚还在信誓旦旦地剁手，转头兴高采烈地买入。

"华尔街没有新鲜事，投机如山岳般古老"（《股票作手回忆录》），人们往往重复犯错，屡教不改。

二、人性与修炼

其实我想说的是，一是不管是否在股票投资上获得成功，只要你介入够深，就很难回头。二是交易是一个不努力一定不成功，很努力也不一定成功的行业。

人性是市场博弈最大的敌人，贪婪、恐惧、希望等（缠师称为贪、嗔、痴、疑、慢）。追涨杀跌对于人性是顺势操作，却是韭菜被收割的根本原因。正确的操作不是让人舒服的买卖。手中个股，在基本面过滤完毕，技术面回踩某均线支撑位的时候，是加仓的急所。底仓或持仓在下跌过程中，难免会有亏损的焦虑和净值下滑的压力，这种负面情绪不可以影响你的正确操作动作。

任何交易系统都有其适应性，再牛的人也会遭遇冬天。市场是永远不会被打败的，这是其存续的哲学基础。

"趋利避害"是人的本性，正确的姿势是"顺大逆小"，即判断大方向正确的基础上，小级别逆势操作是盈利的关键。既然芸芸众生都是输家，赢家只能站在他们的对立面，所谓"人取我弃，人弃我取"，在市场一片恐慌的抛售中，"我只管等，直到有钱躺在墙角，我所要做的全部就是走过去把它捡起来。"（吉姆·罗杰斯）

问题是，面对未来的不确定，你要有与众不同的坚定信念和穿越黑暗的勇气。

投资盈利是一种逆人性的行为，本质上，人的本性是不适合炒股票的。买入被套，如果判断趋势未变你要忍；长期深套，你忍得住，一朝解套就受不了，结果错失后面的大段涨幅；买入标的有浮盈，小幅震荡就心痒难搔想获利了结，就是忍不住。

第三章 了解他人

一、认识情绪

市场的长期趋势受制于经济基本面,中期波动受当前最大的外部事件即中美贸易冲突影响,短线走势主要看市场情绪。中长线趋势大概率容易辨明,短线走势偶然性比较大,尤其是大盘处于盘整阶段。

正确判断市场情绪是获利的关键,其实市场情绪强弱的判断并不复杂,你可以锚定某些具体的事件或数据,来看市场如何反应。

"人们总是基于情绪购买,然后用逻辑证明自己买得有道理",贾森·威廉斯在其著作《交易心理优势》中如是表述。股市中事实而非的机会很多,能"管得住手"是赢家的特征之一,更能控制对市场的情绪反应的交易者在盈利和亏损控制方面做得更好。

人的精力和注意力有限,成功的交易者把资源和注意力集中在少数的交易上。棉花大王林广茂专注期货棉花品种的交易,从初始的2.8万元做到了20亿元。从情绪层面上来说,同时管理多个交易是很困难的,很多股民资金不多,却满把股票,当风险来临的时候,卖票都可能手忙脚乱。交易得越多,注意力被市场噪声分散以及对正在进行的事情发生情绪反应的可能性就越大。

证券交易是心理压力非常大的行业,除了一部分赌博的特点,和竞技体育也有类似之处。高手对决,最终获胜者取决于心理上的强大和优势。管理情绪对交易非常重要,在压力下不要变得很情绪化,股民被套之后或加仓营救或破罐子破摔或卧倒装死。加仓加错,平仓又错,错上加错等就是这么来的。心理学研究表明，大脑皮层中的某个区域会对交易产生反应：奖赏、快感、成瘾等，对奖赏预期感到兴奋是股民出手的动力之一。

情绪变化和持仓涨跌密切相关，如果刚买入即刻就涨，按照金庸的说法叫"心中一荡"；一买就跌，叫"心中一寒"；仓重者看到隔夜美股大跌，会"心中一凛"；看好的标的上涨，"不觉心意微动"；看到别人都在股市里赚钱，自己"再也无法克制"；听大师们讲当年大赚的故事，"不禁神往"；个股从跌停再到涨停，"险到了极处"等。

二、直面焦虑

青木俊郎在其《投资心理学》中强调：证券市场是考验人类意志力、自制与坚持的试炼所。焦虑和恐惧是交易者要不断面对的主要情绪，通常下跌焦虑，上涨也焦虑。亏损逆势死扛，小赚马上就跑，焦虑的交易者所犯的典型错误是过早退出赚钱的交易。从盈亏同源的角度看，常赚小钱的人，多半赚不了大钱。死套不动者，赚钱时没准就能守得住。

经常有人把交易比作军事行动，战前的敌情侦察与行动计划，进攻与防守的平衡，重点还有守纪律。美国有优秀操盘手培训课程，主要招退役军人和退役运动员，原因是看中他们守纪律的品性、坚定的执行力和顽强的抗压能力。要成为不断成功的交易者，与个人决心、所需的适应能力和面对压力的心理承受能力有很大的关联。

过度交易的心理学动机，除了有交易本身的快感外，还有减轻焦虑的潜在好处。股民更加偏好短线交易，赚小钱卖出，可以减轻获利回吐的焦虑。小亏即止损，也可以避免更大亏损的焦虑。频繁交易是导致亏损的巨大根源，建议大家要"放松、放宽、放长"，放松指心态，放宽指止损止盈的尺度，放长是指当趋势有利于自己的时候，持仓长久一点。寻求兴奋是过量交易的一个巨大的危险因素，对过度自信来说也一样。对自己的预测高度自信的交易者，不仅交易最频繁，还出现了最大的亏损。寻求刺激做交易不是因为市场比较成熟，适合做交易，而是因为你试图获得情感上的满足。

生活应该充满乐趣，交易也应该充满乐趣。保持良好的心理状态、健康的身体、充足的睡眠等，都有利于缓解焦虑感。作为证券交易的"衍生品"，焦虑无处不在，面对它、战胜它，而不是畏惧它，否则焦虑感只会越发沉重。青木指出，在追求极大获利过程中的忍耐与等待才是最难的功课。几乎所有的顶级交易者在焦虑和脆弱性层面都表现良好，这一点类似竞技体育。市场是集合投资人心理变化而被具体化、行为化的地方。要了解行为心理的成因并且自我克制，是胜出的第一步。

人们常将自己的成功归功于内在因素，把失败归于运气等外在因素，在心理学上，这叫自利性偏差。产生焦虑的根本原因，是因为没有掌握一套稳定、可复制的系统交易方法。经历过牛熊考验的获利方法值得信赖，因为有成功的经验，所以在面对不利的行情时才能保持淡定，"冬天来了，春天还会远吗？"在市场上投机，按正确的方法交易就不是赌博。

交易其实是一种艺术和相当费脑力的娱乐，持续学习、精进，准守规则、恪守边界，降低操作频率，持盈截亏等都是减轻焦虑的方法。焦虑的本质是不自信，不自信的本质是不赚钱，不赚钱的本质是功夫不够。

三、行为金融

非理性繁荣催生大萧条，地产泡沫、牛顶疯狂无不如此。初始的股票价格上涨激发了人们思想的感染力，这足以将鼓舞人心的新时代故事放大，投资者的激情本身就宣传了这些故事。乐观的情绪和暴富的故事在互联网时代飞速传播，人们对股票的热爱只有在股市不断上涨时才会持续。房地产市场也同样，在买涨不买跌的心理驱动下，只有不断地上涨才能将击鼓传花的游戏进行下去。当鼓点戛然而止的时候，你希望那朵花没有停留在自己手上。

心理学可以解释相当一部分市场行为，包括一些常用的技术分析方法。K线包含了众多的市场信息，包括情绪的变化，20日均线是中线趋势最好的参考。诺奖得主瓦西里评论经济模型："没有哪一个实证研究领域使用如此众多精细的统计模型，却得到如此迥异的结果。"一个结论的推导是建立在很多假设变量之上，这就是传统经济学的悖论。股票投资的大忌是故弄玄虚，搞得过于复杂，能用一条均线解决问题的，绝不用两条。

"春江水暖鸭先知"，金融市场对经济变化远比实体经济敏感。一般而言，股市的上升要比相应的经济回升来得早，而且快得多，此所谓"晴雨表"的作用，领先6~9个月。

趋势交易方法是唯一正确的投资法，价值投资者的低估买入也是一种顺势，因为相信标的价值是上升的。拉斯·特维德在其《金融心理学》一书中解释了趋势心理，上涨需要成交量的持续放大，下跌则不用。上涨过程中的整固（横盘、震荡），在每一个价格整固区都可以认为有新投资者加入。一定要有新资金的加入，行情的上涨才能持续。改变主要趋势的心理是需要时间的，20日均线的走向就是中期趋势。例如当下，上证20日均线走平并弧形向上，K线站在均线上方，你绝对不能做空。

优秀投资人要做好两件事情，一是寻找和发现内在价值持续增长的企业，二是识别当下的热点行业及风险偏好。包括但不限于以下能力：

（1）基本的大势判断能力。

（2）优秀的选股能力。

（3）拥有完整的交易系统，知行合一的执行力。

（4）适应及预判未来变化的能力。

（5）学习能力，持续的自省和优化能力。

第四章　人剑合一

前面写了一大堆心理、情绪什么的，最终都要落实到怎样赚钱上，本章试图从投资者的状态及个性出发，探讨个性化交易的要旨。

一、投资者的个性化差异

1. 年龄

一轮牛市到来，对不同年龄段的人意义并不相同。30岁之前，参加工作时间不长，还面临成家的压力。资金积累不足，就算碰上牛市，跟自己关系也不大。60岁以上的人，进入耳顺之年，以颐养天年为主，较少有人进入搏杀的行业，拿退休金入市更不足取。

整体上，股市的主要参与人群在30~60岁，当然不排除事业起步较早的年轻人或富二代，或者晚熟者以及富豪。有人说，下一轮牛市是85后的第一次机会，60后的最后一次机会，不够严谨，但基本正确。

2. 资金来源

除了工薪收入，年轻人可能会有部分来自父母的资助。激进一些的倾向使用券商提供的融资融券业务，最狠的是场外配资，俗称加杠杆，5~10倍不等，在2015年牛市中演绎得淋漓尽致。

个人投资者的主力，大部分属于中产阶级，以大公司高管和小企业主为多。40~50岁的中年人（传统意义的理解，非联合国标准）为主，囿于时间或精力的限制，这档投资者或有部分人群转为投资各类基金。还有一些大约在50岁以上的富豪或隐性富豪，喜欢采用专户理财的模式，亏钱撤退，赚钱加码。

3. 专职和业余

这里主要指的是在股市时间上的投入，所以没有使用"专业和业余"的字样，以免引起歧义。散户股民一般以业余为主，有自己的本职工作，行情不好就蛰伏，行情好交易就活跃一些。其中有相当一部分投资者是因为熊市被套，被动持仓。

专职或者称为职业股民，指没有其他工作岗位，除了股票交易。这里面大约又分两种，一种是热爱炒股，在股市浸泡很多年的老股民。另一种是因为没有其他合适的工作，被迫成为职业股民者。这部分人群相对更多，且专业水准不够。

专业的交易者与一般交易人士的差别在于，他们可以无畏无惧、不犹疑、不后悔、无保留，并且对自己的决定毫不犹豫地买进与卖出。大约74%的基金管理者自认为他们的交易技艺高超，事实上高估自己的能力是人类的通病。

4. 心理承受能力

股市参与者，除了年龄、资金大小、资金来源、时间投入、经验等区别外，个性、习惯、心理承受能力等也是千差万别。年轻人、性子急躁者倾向于偏短线投机，年长者、有实业者偏好价值投资。心性和情绪随着时间的推移会发生变化，性格也会逐渐变得成稳和成熟。

上面前三种因素几乎是"不可抗力"，而"心理承受能力"则变数较大。股市是有博弈性质的交易场所，心理及情绪的变化对最终的投资结果影响极大。"输不起，就赢不起"，实际上就是一种心理承受能力的差别。整体上，心理承受能力强的人，获利的可能性更大。前提条件是，最终赌赢了。

马克·道格拉斯在《交易心理分析》中强调：用自信、自律和赢家心态掌控市场。交易和高尔夫一样，都是反人性的运动。你必须深入了解自己和交易本质，这样实际交易时才会像纯粹观察市场和考虑行动时一样轻松、简单并且没有压力。

二、你凭什么下注

前文大部分章节内容都隐含了风险提示，通过对证券市场尽可能客观地描述，让初学者或尚且在门外徘徊者对股市有较为清醒的认识。博弈市场有一种潜在的魔力或者说吸引力，可能导致部分参与者虽败而不知后退，欲罢不能。有其他稳定收入来源者或许容易放下，实力较弱的也会知难而退。修炼得道者且不说，最尴尬的是中间层，尤其是身心投入较深的，往往难以超脱。习惯了赚快钱，其他行业回不去，长期在市场中沉浮，以致最终沉没。

如果前面的"阻吓"都不能动摇你坚定的入市信念，接下来你必须认真思考：你凭什么下注？靠什么取胜？

1. 知识

证券市场门槛低，诱惑大，吸引着各类参与者源源不断地入市，其中不乏各界精英。入市的门槛较低，但绝不意味着获利尤其是稳定盈利的门槛低。就算在市场浸泡个三五年，也多半成不了什么气候，最少需要经历一轮完整的牛熊循环。十年老股民，在里面晕头转向出不来的也多得是。

大部分股民亏损的原因不是技巧或市场知识不足，而是你对错误、亏损的态度和信念，以及你感觉愉快时，容易变得鲁莽的倾向（马克·道格拉斯）。交易领域的信息异常庞杂，知识更新、融合、边界等层出不穷，核心是概率思维。追求完美是得不到完美结果的，更不要有一劳永逸的幻想。

修炼之路如同读书，是一条由薄到厚，再由厚到薄的过程。没有知识的积累，你很难发现那些对你来说是重要的知识。但真正让你走上成功之路的，一定不是看似繁复的系统，而是简单的知识提炼，此所谓大道至简。读书不厚，你没有办法判别哪些知识对你来说是有用的、关键的。例如"高手止于均线"，不知深刻理解有几人？能做到者又有几人？你可以用勤奋换取更多的筹码，让筹码的厚实给你带来更多留在场上的机会。

2. 能力

知识和能力不可同日而语，知识是能力的来源和必要基础，一般由片段的信息和记忆构成。能力是一种获得良好结果的稳定行为。知识的积累和沉淀，未来必然转化为盈利的能力，能力会带来信心，越有信心，交易越轻松，越轻松，发挥越稳定，构成良性循环。

技术分析不能解决缺乏信心和纪律造成的交易问题，也不能解决焦点不对造成的交易问题。学会技术分析只是小学生阶段，态度和心态是交易成败的关键，而这是能力的重要组成部分。需要寻找正确的交易动作，并培养成功的习惯。策略和方法的优势属于能力优势的一部分，辅以执行力的到位，则可以放大下注的赢面。

构建适合自己的盈利策略是投资成功的关键，坚定相信概率和优势尤为重要。能力的高低最终要落实在交易上，考核能力的要素主要有两点：胜率和赔率。大于50%的胜率理论上都可以赚钱，如果每次等额下注的话。提高胜率是基本的维度，提高赔率则如同加了杠杆，在期货领域40%的胜率也可以赚钱，如果盈亏比高的话。

3. 经验

经验和能力有一定的相关性，没有经过各种极端行情的历练，很难说投资能力得到了考验。有一种说法是，只有经历过两轮牛熊循环的投资者才能成熟。按照A股的周期，大约需要14年。在证券市场中，常常表现为经验越丰富，胆子越小。越年轻，交易风格越激进。橡树资本霍华德说：从来只有老投资者，没有又老又大胆的投资者！95%的交易错误起源于态度，而态度不正确相当一部分来源于市场认知的浅薄，还有经验的不足。

初入市者，多半在一轮牛市的尾声，他们并非熟悉、热爱这个市场，更多是因为身边"智商不如自己"的邻居、同事赚了钱，因为"面子"问题而匆忙入市。牛市的末端通常表现为"鸡犬升天"，买啥啥涨。后知后觉者以为是自己的聪明才智战胜了市场，初时小试牛刀，得手后胆子渐大，东挪西凑大举入市，然后一地鸡毛。

证券市场瞬息万变，如同竞技体育，除了基础的知识、技能以外，比赛经验也至关重要，丰富的临场经验可以弥补技术或体能的不足。不同于竞技体育的是，证券市场的对手只有一个，而且是极为熟悉的对手——那就是自己。投资者的修炼过程就是一个"寻找自我"的过程，是一个界定自己能力边界的过程。能力圈之外的行情，一概与我无干。用自己熟悉的模式，大概率成功的策略，或者简单地说：只对自己有把握的行情下注。

4. 煎熬

好比电子游戏，以上都属于难度不太大的关，最难的是心理的波动和煎熬。贪婪让我们不知收手，恐惧会造成我们的身体僵硬或是急于逃命，希望让我们抱有侥幸心理，不能客观从大局出发，分析市场、对手和自己。任何一位试图长期浸泡其中的投资者，要先问自己一个问题，自己是否真的适合证券市场？

在心理方面，恐惧会造成我们缩小注意力焦点，变成只注意我们害怕的东西（焦点等于结果）。煎熬来源于多个方面，包括未来的迷茫，市场的不确定性，亏损的压力，小赚就想兑现利润的心痒难搔等。长期赢家具备独一无二的心态，能够维持纪律与专注，最重要的是能够在逆境中保持信心。

股市中的大赢家，多以心理承受能力强著称，包括很多价值投资者，需要忍受巨大回撤，还有行情与策略的阶段性不匹配等。穿越黑暗需要勇气，更需要面对煎熬的坚毅。伟大都是熬出来的，也许再坚持一会儿，就可以抵达成功的彼岸。投资是一场马拉松，比的不是短跑的速度，而是看谁能坚持到最后。心理上的煎熬某种意义上也是一种心力的付出，古语中的"一夜白头"属于其中的极端情况。你比别人更能熬得住，也可以构成下注的优势之一。

三、毅力决定一切

安杰拉·达克沃思认为，坚毅（Grit）是成功与否的第一要素，大多数人的努力程度之低，根本轮不到去拼天赋。坚毅＝激情＋毅力，激情源于爱好，要想获得投资成功，首先要喜欢它，而不仅仅是把交易当成工具。毅力也是一种信念，是百折不挠而不放弃的坚持。证券博弈是九死一生的行当，太多挫折，也太容易放弃。要想在市场中坚持下来，熬到最终的胜利，必须要有强烈的求生欲和对胜利的渴望，更要有成功的意志力，可以说"毅力决定一切！"

智商犹如技术分析，情商则更接近基本面，类似于一个人的心性。古代的科举和现代的高考制度主要考察的是一个人的智力，当然出类拔萃者既聪明又刻苦，体现了情商的部分。所谓的"逆境商"大体可以归为情商的一种。

改变行为的第一步是选择一个你喜欢并擅长的、剧烈的耐力活动（如跑步、游泳），在中国，跑马拉松几乎成了精英人群的标签。尽管跑马者以中年人居多，可你很难把这群人和"油腻"联系在一起。42公里的极限运动都难不倒你，投资还有什么困难的呢？

四、人剑合一

进入证券市场首先要摆正心态，降低预期是第一步，不能让贪婪裹挟自己迈向毁灭的深渊。大部分投资者并不适合自己下场博弈，成熟市场如美国机构投资者占了大头，和中国刚好相反。无论哪一类股民，学习一些证券投资知识都十分必要。除了获取相对优势，还可以让自己拥有一双"慧眼"，用来识别谁是真正的高手，哪家是真正可以托付的机构。

个性化的交易策略或交易系统是稳定盈利的必要保证，让你的交易风格和人格匹配起来，高度认真的人会成为更好的系统交易者。很少有系统会持续很长时间，大部分都会退化，持续地学习和进化是在市场长期活下来的重要条件。需要不断地总结，最好能分享出来，所谓"越分享，越进步"，成为别人的交易导师是会得到红利的。在规则上必须坚持，在期望上必须有弹性，那些持续拥有良好交易成绩的系统源于好的设计和严格执行。

| 第二部分 |

技术分析精要

第五章 K线

一、技术分析概要

技术分析有门槛低、见效快、不求人等优点，热衷于技术学习是所有股民必须经历的过程。客观地说，大多数人或浅尝辄止或限于局部，抑或是搞得太复杂。技术学习需要一个捋线条、抓重点、选择性匹配的过程，此所谓由薄到厚，再由厚到薄的历练与蜕变。

技术分析存在的前提，大家耳熟能详的有"价格反映一切""历史会重演""趋势具有惯性""趋势与盘整交替运行""时间、空间相互转换"等。人是金融市场的主体，博弈是股票、期货等市场的核心，证券交易体现了科学与艺术的结合。交易市场产生了大量的数学符号，如价格、空间（高低）、成交量、时间等，理论上动能、时空属于物理学概念。总之，金融市场具备了一定的自然科学属性，但反推市场就是自然科学显然是缺乏依据的。部分技术分析爱好者崇尚预测，以预判点位的精准为乐事，有所偏差则怪自己学艺不精。

技术分析的误区，是以为存在一种可以精准预测的方法，或者是有可以让投资者稳定盈利的"圣杯"。证券交易的本质是博弈，除了极个别长期跑赢市场的价值投资大师如巴菲特，鲜有常胜将军。阶段性的胜利主要依靠重仓博中热点，某种意义上是小概率事件，背后却都有致命的缺陷。有人问，是否加上止损保护就可以既赚钱又能防止回吐呢？答案是否定的，止损和风格的激进是对立的，大赛冠军的要义在于连续重仓击中而不是止损，注重防守者充其量可以获得中庸的成绩。私募冠军也如此，去年押注白马大获全胜，今年继续押则差强人意。市场是变化的，从来没有一模一样的棋局。博弈的本质是应对，即根据当下市场的状况做出合理的、大概率对自己有利的动作，这些都需要以技术分析为基础。

二、技术分析的要素

技术分析的要素包括：K线、K线组合、分型、均线、形态、成交量、辅助指标、时间周期等。

价格走势是市场信息与投资者情绪的综合反映，技术分析是对市场的认知与解读。K线、K线组合、分型、均线、形态、成交量、指标（如MACD）等是最基本的技术分析元素。好比学英文，K线是ABC，K线组合是单词，均线是句子，形态是段落，成交量是语法，指标是修辞。一百个人眼里有一百个哈姆雷特，作为个体，你对市场的看法并不重要，看透市场背后大多数人（资金）的行为意图即市场的合力，并做出正确的应对，才能为你带来收益。

K线是最基本元素，相对也最敏感，但确定性不高。这里需要引入周期概念，如果你把周期缩小，1根日K线包含8根30分钟K线，48根5分钟级别的K线。48根K线已经足够完成一个波澜壮阔的波段了，在日线上只是一根蜡烛线。一周的震荡起伏，在周线上也只是一根孤零零的单K。

K线组合可以弥补单一K线的局限性，通过顶底分型来判断趋势转折点，合并K线本质上和放大周期级别类似；均线相对滞后，但可以描述大盘或标的的波动节奏及买卖支撑点；形态的使用比例在下降，因为骗线（人为画图）太多，记住一下经典顶底形态即可；成交量是既熟悉又容易被忽略的重要指标，个人觉得成交量是仅次于价格本身的最重要变量；MACD是行情判断与交易的重要参考，是交易系统的有效帮助。

三、K 线精解

1. 单根 K 线的基本信息

K 线包含的信息：开盘价、收盘价、最高价、最低价、阳线实体、阴线实体。

最高价：盘中多头力量最强盛时所拓展的空间。

最低价：盘中空头力量最强盛时所拓展的空间。

收盘价：多空力量一天争斗下来，最后达成的平衡点。

开盘价：对前一天盘后所有信息汇总之后的心理反应（重新定价）。

阳线实体：代表多头力量的收获（涨幅）。

阴线实体：代表空头力量的收获（跌幅）。

2. K 线形态及意义

按照 K 线实体的大小、光头或者光脚、上下影线的长短来划分不同的 K 线形态。

实体根据大小可以分为大、中、小三种。

光头阳线：收盘价是当天的最高价，多头完胜，次日还有惯性冲高。

光头阴线：收盘价是当天的最低价，空头完胜，次日还有惯性下探。

光头光脚：说明市场力量趋于一致，反向的抵抗力量薄弱，趋势延续的概率大。

星线：实体很短，上下影线长度接近，多空争夺短暂平衡，是一种中继的形态。

长上影线：多头强弩之末，瞬间冲高之后被空头反扑，空头意味浓。

长下影线：空头强弩之末，瞬间杀低之后被多头反扑，多头意味浓。

案例分析：2018 年 9 月上证指数，见图 5-1

图 5-1　2018 年 9 月上证指数日 K 线

（1）2018 年 9 月 18 日：最低点 2644，上涨 1.82%，光头光脚中阳线。空头的抵抗力量薄弱，次日继续上涨的概率大。位置：底部中阳，趋势逆转信号较为明显。级别：一阳吞 5 星，相当于周线级别的变化。

（2）2018 年 9 月 19 日：最高点及收盘价都提高，说明上涨趋势延续，底分型成立。留下上影线，说明高位一部分多头退缩，累计两天涨幅，有一定的抛压出现。阳线放量，是对上涨趋势的确认。

（3）2018 年 9 月 20 日：缩量小阴星，上涨第 3 日（时间窗），判断为上涨中继。下跌缩量，说明调整只是暂时的。

（4）2018 年 9 月 21 日：放量中阳，上涨 2.5%，光头阳+下影线，最高价收盘，说明上涨动力强劲，下影线说明低位割肉是错的，削弱了市场的空头势能。最低点精准回踩 5 日均线，上涨节奏良性。

（5）2018 年 9 月 25 日：缩量小阴星（假阳线），上涨第 5 日（时间窗），性质类似于 9.20，为上涨中继。

（6）2018 年 9 月 26 日：上影线较长的小阳线，最高点及收盘价都超过 9.21，上涨趋势没变。但上影线较长，说明多头筹码有一定的松动，且成交量小于 9.21，有点价量背离的味道，判断短期多头需要休整以积蓄上攻的力量。

（7）2018年9月27日：长假前最后一个有效套现日，本质上还是阴星，但实体比前两颗星线略放大，成交量也略放大，属于正常的走势。

（8）2018年9月28日：空头力量一次性释放之后，多头应该有收复失地的动作，如果认怂则后市变数增加。实盘，放量小阳线，光头光脚，显示市场主力对后市看好。

四、K线组合

单根K线信息量有限，多根线组合则市场信息相对丰富一些，但无论K线还是K线组合都是沧海一粟，格局逐渐放大是投资正途。

1. 多头组合

"旭日东升""早晨之星""冲天炮"等。

一般是指下跌趋势延续一段时间，在相对低位出现的标志性K线才有意义，记住：趋势出现逆转信号只是或然的，实际发生逆转并不是必然的。只是告诉你一种大概率的可能性，要做好相应的交易对策，一切以市场最终走势为准。

2. 空头组合

"乌云盖顶""倾盆大雨""断头铡"等。

"断头铡"一般出现在多头强弩之末，横盘一段时间后突然出现的大阴线，往往一根阴线穿破多头均线。如2018年5月23日、2018年8月1日，中阴线就足够断头了。反向的多头市场，可以称为"冲天炮"，如2018年7月9日、2018年9月18日。

3. 中继组合

螺旋桨、星线。

趋势的发展需要喘息时间，在K线中表现为星线或螺旋桨，说明多空短暂达到平衡点。在形态中，则对应为震荡盘整走势。

K线分析的两大结合：K线+位置；K线+成交量。

K线及组合了解几个经典形态就好了，例如"乌云盖顶""倾盆大雨""旭日东升""射击之星"、长上下影线等。单根 K 线参考意义不大，要和重要位置结合起来看，尤其是顶底转折处，趋势线（支撑位、阻力位）突破时的大阳、大阴等标志性 K 线，简称为"标 K"。

4. 孕线

孕线，顾名思义，即次日波动的范围没超出前一日的空间，高低点都没突破，即并没有方向性的含义。趋势的发展需要时间，除了上涨、下跌这种有趋势的时间，还有一些没趋势的休整时间、盘整时间，或者称为垃圾时间。这种时候也许不会给你的净值带来变化，但这是交易的一部分，体现为筹码交换和情绪转换，时间和空间互换是很常见也很重要的概念。

5. K 线合并

K 线可以缩小周期来放大其波动，以求更精准，也可以放大周期，让趋势看得更清晰，以求更确定。例如一根中阳之后，后面 5 根小阴、小阳、小星线来消化，合并起来也就是一根空间不大的小 K 线，在上一个级别如周线中，趋势正在延续，并没有什么变化。

第六章 分型

交易的要义，首先是博弈方向不能错，而判断趋势转折是技术分析最重要的职能之一。单根 K 线对趋势转折只能起到预警的作用，而足够的 K 线组合则可以确认。分型是 K 线理论的演变，是 K 线组合的放大、应用。分型包括顶分型和底分型，是一种最小单位的趋势转折信号。单根 K 线只代表了趋势变化的可能性，分型则是确认。

所谓分型，低点不创新低或高点不创新高，后面的 K 线最高点或最低点突破了前面的高点或低点。（详见图 6-1 红色箭头）任何一个分型都可能是某级别趋势的开始，级别越大，趋势的周期可能就越长。分型的最小单位是 3 根 K 线组合，合并 K 线出现正三角或倒三角形态也算。

案例分析：上证指数日 K 线（2018 年 6~9 月）

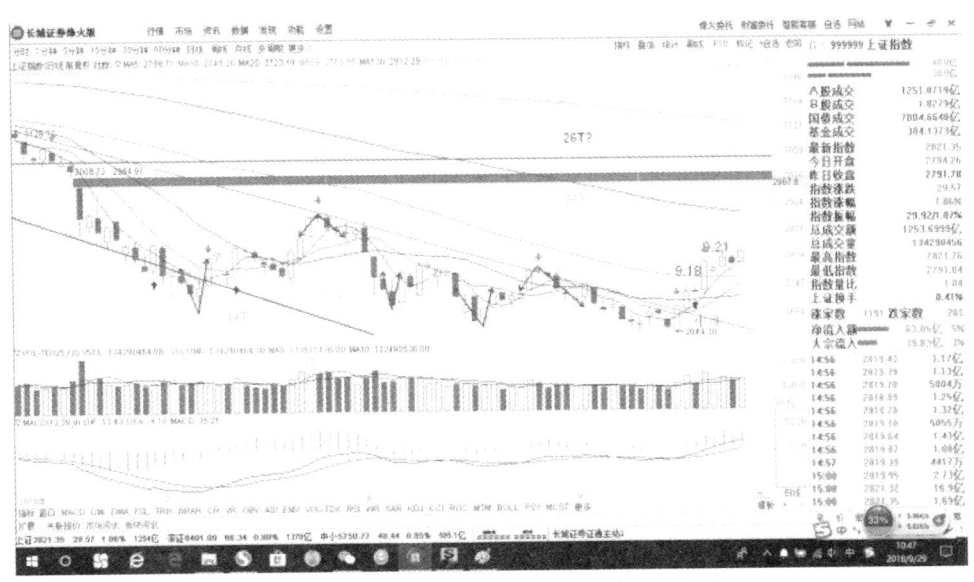

图 6-1 上证指数日 K 线（2018 年 6~9 月）

— 31 —

（1）2018 年 7 月 9 日：底部中阳，确认了一波日线上涨的开始，时间：14T，幅度：8.3%。

（2）2018 年 8 月 7 日：底分型，小级别上涨开始。

（3）2018 年 8 月 21 日：底分型，小级别上涨开始。

（4）2018 年 7 月 31 日：顶分型，波段下跌开始。

（5）2018 年 8 月 30 日：顶分型，波段下跌开始。

波段

定义：两个顶底分型之间的走势，构成了波段的最小单位。

市场参与者主要分为价值投资和趋势交易两大阵营，前者人数较少，但掌管的资金量并不少，以机构投资者为主。后者以技术分析为主要工具，根据价格的波动来作为进出场的依据。波段交易是很多股民的理想模式，既可以抓到上涨，又可以逃避下跌。事实上大部分散户都没能进入理想的交易模式，进场点不对，出场点更不对。做着做着就乱掉了，套着套着就成股东了。

A 股实行 T+1 交易制度，设定日线为核心操作周期比较合理，方向看周线即可。如果以日线波段为主要交易时间段，一般每年有 2~3 次下场机会，平均 1.7 次。当前市场在上一周出现了周线底分型，本周是上涨趋势的确认。2018 年已经出了两波周线波段行情，1 月是第一波，5 月是第二波，目前（9 月下旬开始）是第三波，不出意外的话，应该也是今年最后一个波段行情。（详见图 6-2，沪指周线图）

为什么将本轮上涨的第一目标位设在 2920 点附近？因为最近 3 个月的最高点是 2915 点，有效突破的话，则构成月线顶分型，意味着可能出现月线级别的行情。从内外部环境分析，这种可能性很小，故只作为反弹看待。证券分析要给自己留有余地，即预留假突破的空间，A 股市场骗线越来越多，假突破是家常便饭。因为主力可以利用技术派的"心理共振"，迅速做派发动作。市场大资金可以利用资金优势、信息优势、技术优势等对不同流派的交易者做收割动作。学好技术，知己知彼，方能战胜对手。

案例分析：上证指数周 K 线（2016 年 6 月至 2018 年 8 月）

图 6-2　上证指数周 K 线（2016 年 6 月至 2018 年 8 月）

第七章 均线

一、均线的定义

均线，又称均价线，按照一定的时间周期，选取收盘价计算平均值，形成的相对平滑的曲线。常见的有 5 日均线、10 日均线、20 日均线、60 日均线等，类似平均成本概念。

以 MA+DATE 为表达方式，均线周期也可自定义，如 MA4、MA13、MA55 等。

注意，DATE 是单位概念，只有在日线级别中才可以称为 X 日均线，更大的或更小的周期一般直接用符号如 MA5 来表示。

趋势类技术指标很多，精通一样即可。十八般兵器样样都会，多半不是高手。

二、均线的分类

均线按照周期大小一般分为短、中、长三类，短均线包括：MA5、MA10；中均线包括 MA20、MA60；长均线包括 MA120、MA250。

以上均线在日线里面有着特别的含义，MA250 为年线，MA120 为半年线，MA60 为季线，MA20 为月线，实际上 MA5 等同于周线概念。在一般的交易软件中，通常系统默认为上面 6 种。期货因为带杠杆，经常用到小级别，15 分钟、5 分钟、1 分钟，甚至 15 秒都有，不是探讨的重点。

此外有不少人喜欢自定义，例如 MA4 或者斐波那契神奇数字等，我曾经用过一段时间 MA13、MA21、MA50。当初的目的是为了规避主力骗线，用了稍稍滞后的周期，实际效果并不明显，后来恢复为默认值。俗话说，简单的就是最好的，常用的均线反映了大众的成本、情绪和节奏，作为交易对手，直白一点更好。

很多人追求武器的锋利和招数的精妙，在博弈中，这些都不是最重要的，内功深厚，木剑一样可以杀敌。

大小级别之间按照自然规律往往对应着"上下级"关系，例如一周 5 个交易日，5×4 周=20，即月线的由来，3 个月=1 个季度等。

此处需要进一步强调周期的概念，大周期决定方向，次一级决定买卖。

三、单根均线的作用

MA20 是均线中的生命线（"20 日均线下不持股"）。

描述市场波动的最小单位是 K 线，然后发展为 K 线组合以及有方向指导意义的分型概念。当交易单位增加、周期拉长，价格的变化表现出一定的起伏性，有时上涨，有时下跌，有时震荡。

用裸 K 也可以了解或把握市场的波动，也许没有均线的干扰价格波动看得更清晰。作为高手，已经到了"无招胜有招"的境界，使用裸 K 当然没问题。但功力不够、定力不足的交易者，建议使用均线，尤其是量化交易。

单根均线可以反映均价，其走势也能体现趋势发展的状况。从股票角度，中线波段交易者，个人首推 20 日均线。因为 MA20 本身反映了市场的中期趋势，减速了短均线的波动干扰，也避免了长均线回撤过大的缺点。

案例分析：中国平安，2018 年日线图，图 7-1 中均线为 20 日均线。

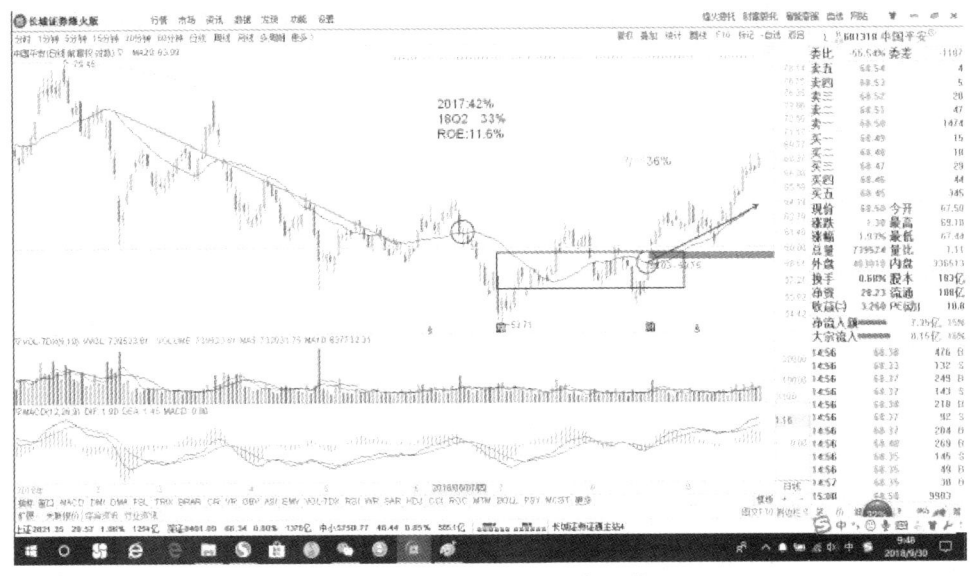

图 7-1 中国平安，2018 年日线图

（1）MA20 的方向就是趋势的方向，左边的绿色箭头为下行趋势，可以不介入；中间的方框为横盘震荡，可以观察；右边的红圈为向上突破 MA20，可以买入。持有至今获利 16%。

（2）均线除了方向指示作用外，还有支撑、阻力、依托作用，下行趋势成为上攻的阻力，上行趋势成为回调的支撑。

敏感度差别：K 线>分型>均线>形态，本质上还是周期概念，越小越敏感，越大越清晰。

"打狗棍战法"（仅用 60 日均线或 MA50 作为进出场依据，MA60 线在黑底显示为绿色，故取名"打狗棍"战法，源于金庸小说中的丐帮帮主兵器）。

打狗棍战法的复盘验证：

工具：一根均线（MA50），且均线走势向上。

买卖：上穿均线买，下破均线卖。

交易结果：10 年时间只交易 4 波段，2005 年 100 万元，到 2015 年变成 1479 万元，十年 14 倍！年复利：27%。

四、均线组合的位置及形态

均线关系提要：上下、缠绕、发散与收敛、金叉与死叉。

普通交易者最多同时使用以上长中短共 6 条均线，长期均线在波段及以下操作周期中使用频率不高，主要用来看大方向以及重要的支撑或阻力点。均线使用和操作频率相关，短线交易者多使用 MA5、MA10，中线以 MA20、MA60 居多，市场以年线、半年线为进出场依据的极为罕见。见图 7-2，上证指数图，2018 年 5~9 月。

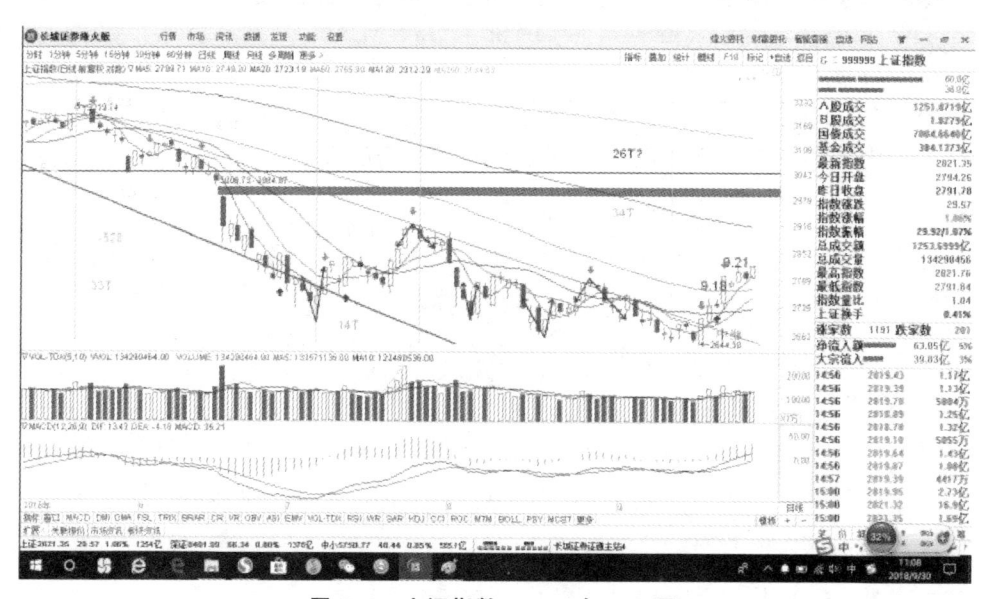

图 7-2　上证指数，2018 年 5~9 月

均线之间的位置关系，短均线在长均线之上运行的，且长均线走横或向上，为上涨（多头）走势；反之，短均线在长均线之下运行的，且长均线走横或向下，为下跌（空头）走势；长短均线缠绕并走横的，股价多为盘整走势。

除了方向和位置的关系，长短均线之间的发散和收敛也能反映市场的运行态势。发散程度一般，则趋势强度一般，发散明显则趋势强烈。行情的后期，均线有收敛的趋势，直到黏合。价格与均线的乖离，即 K 线短期偏离均线，表示市场情绪激昂或恐慌，一般有回归均线的要求。

上涨波段的完整过程是短均线拐头向上（如 MA5），金叉中均线（如 MA10），上穿走横的 MA20，表明上涨行情确立；其后三条均线同步向上，且短均线上涨斜率更大，均线呈发散形态；然后短均线走横，中均线上移，均线黏合；短均线拐头向下，死叉中均线，中均线走横，行情结束。

案例分析：上证指数 2018 年 5 月 9 日

（1）2018 年 5 月 23 日：中阴线，顶分型，断头铡（一阴穿两线），标 K 放量。综合看，是显著的空头信号，应该做减仓或离场的预案。

（2）2018 年 5 月 30 日：中阴线，远离 5 日均线，乖离率大，短期有恐慌情绪，反抽纠错随时可能发生。如果来不及减仓，后面大概率还有机会。

（3）2018 年 6 月 7 日：高开低走，小阴线，放量。10 日均线下行，5 日均线反抽到 MA10 位置，没有形成金叉，可定义为超跌反结束，预判后面还有下跌。一般来说，第一次反抽不过，市场墙头草会有大量叛变，导致后面的下跌加速。

（4）2018 年 6 月 19 日：跳空、放量大阴线，均线持续发散，下跌趋势加速，趋势修复需要的时间延长，空仓观望是上策。

（5）2018 年 7 月 9 日：中阳线，日线底分型，5 日均线拐头向上。疑似初级反弹开启，量能不足是隐忧。前面的下跌时间长、幅度大，预示反弹不会一蹴而就。

（6）2018 年 7 月 12 日：放量中阳，但被下行的 20 日均线阻挡，多头能量需要再度积累。

（7）2018 年 7 月 20 日：放量中阳，均线从黏合到金叉，"冲天炮"，一阳穿三线，反弹行情确认。60 日均线保持下行态势，因此行情仍属超跌反弹性质。

（8）2018 年 9 月 19 日：低位金叉+放量中阳+上穿走横的 20 日均线，这是波段派必须进场的位置。

（9）2018 年 9 月 21 日：放量中阳，回踩 5 日均线获得支撑，收盘站在走横的 60 日均线之上。是 5 月下跌以来的首次，因此要做行情看高一线的预案。

第八章 节 奏

提要：一般的技术书籍里，很少有把节奏专门列出来阐述的，本章源自于职业操盘手的交易灵感。

一、价格的波动节奏

当行情运行区间可以用均线来描绘的时候，均线就有了更广阔的空间，均线及均线组合反映市场（个股）运行的趋势与节奏。均线可以成为波段行情的划分工具，因此被笔者比喻为段落（类似缠论中的"线段"概念）。用20日均线可以筛选出一年时间中仅有的2~3次博弈机会，长期均线的持续上涨，意味着我们身处牛市，不结束，不离场。

案例分析：上证指数，2014年7月至2015年7月

在上一波牛市当中，60日均线始终保持上行趋势，没有被跌破过。2014年10月底和2015年3月初有两次回踩，并获得支撑。（见图8-1中红色箭头处）一直到2015年6月下旬，情况发生了变化，6.26大阴跌破MA60，是最后的逃命时刻。

按照"20线下不持股原则"，2015年6月18日至少应该出场一半的仓位。我在2015年6月21日的周评中，明确提示风险，标题为"A股中期顶部已现"，因此被誉为"15年牛市言顶第一人"。6.18收盘离最高点仅下跌7.6%，最后逃命的时候，制高点已经下跌19%，个股下跌30%很正常。假设你在最高位进场，如果按照3倍的杠杆率计算，这时候本金已经没有了。

顶部成交量的背离是重要的辅助参考信号。

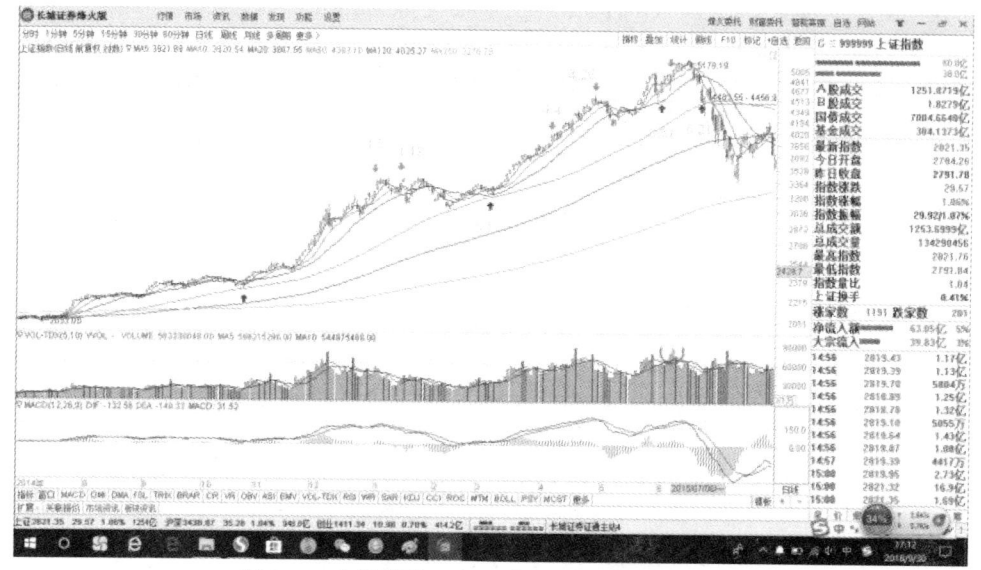

图 8-1　上证指数，2014 年 7 月至 2015 年 7 月

二、均线是韵律

　　均线有点类似音乐中的五线谱，短、中、长均线分别对应高、中、低音。

　　短线强势股，一般以 5 日均线为依托上涨。波段上涨的标的，回踩 MA10、MA20 获支撑继续上涨的居多。20 日均线一般是中线是否强势的标准，MA20 走横，且 K 线下跌是波段转弱的标志。

　　当然你也可以适当放宽，例如下影线不算，按收盘价考量，或者使用连续 3 天确认等。好处是不会错杀，坏处是 3 天快速下跌损失较大。证券市场真假信号鱼龙混杂，过滤是很重要的手段及工具。

　　行情确认需要多因素共振，剔除假信号需要过滤，一多一少，一阴一阳谓之道。

　　如果 20 日均线在上行过程中出现偶发的单阴下破均线，并不能作为出场依据。这很可能是短线利空引发的阶段性获利回吐或恐慌盘跟风，交易者可根据外部消息来分析利空的性质，经验丰富者甚至可以利用市场恐慌逆向买入。后面很大概率会有行情的修复出现，中期均线不可能出现尖顶下跌。

证券博弈，一赢二平七输钱，独立、洞察、隐忍、守拙是为交易者的优秀品质。

详见图 8-2，红色箭头处，跌破 20 日均线，但 MA20 保持上行趋势不变，随后多头收复失地。

案例分析：上证指数，2017 年 3~12 月

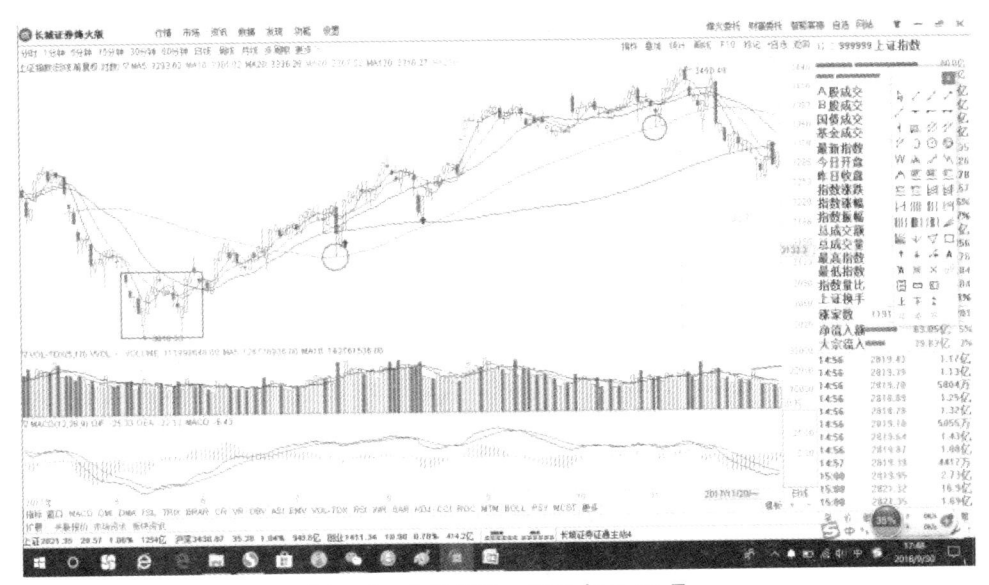

图 8-2 上证指数，2017 年 3~12 月

60 天均线是中长线持股的底线，纯价值飘过，也有人用 200 天或年线来持有的，因为回踩巨大，使用者较少。均线在买卖上的关键作用是节奏的参考，日线、30 分钟、5 分钟（短线或做 T 的买卖点），个股都会有自己不同的均线节奏，参考之前的支撑均线，在下一次支撑时买入，大概率是成功的操作。

提要：本章处处隐含着时间的逻辑，周期转换的应用。

案例分析：攀钢钒钛，2015 年 5 月至 2018 年 9 月，MA250 是重要阻力位、支撑位（见图 8-3 红圈处）

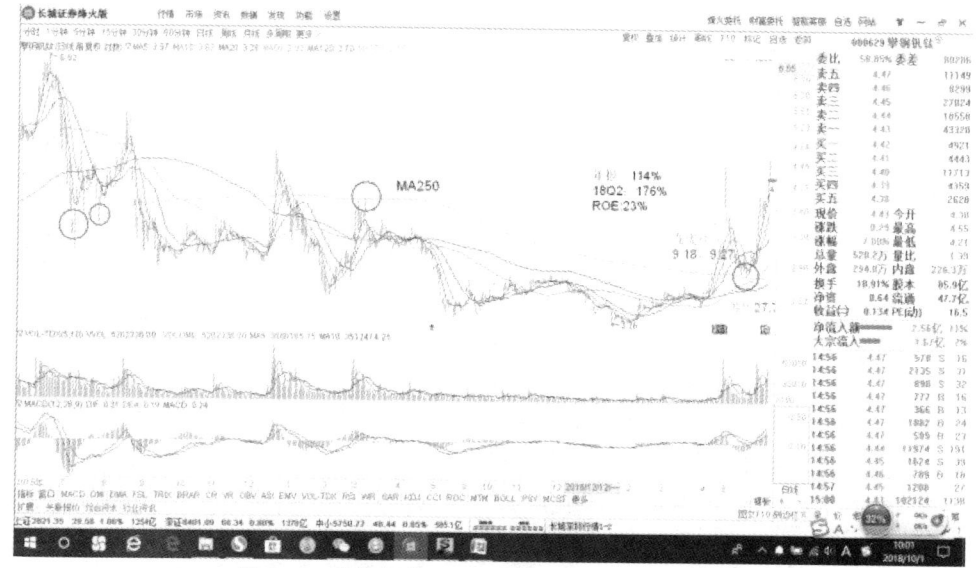

图 8-3　攀钢钒钛，2015 年 5 月至 2018 年 9 月

三、均线的斜率

均线的斜率代表上涨或下跌的速度，对应不同的均线，则反映了不同级别的趋势发展速度。投资者可选择同样大小的行情显示段进行斜率的对比，不可随意调整时间以免失去标准。

2018 年 5 月上旬的反弹，尽管具备了短均线金叉中均线，趋势线突破，但其后的上涨速度并不快，突破 K 线仅为小阳，后面没有接力和放大，无论是涨幅还是成交量。上涨斜率太低，表明上攻力度较弱，行情持续性存疑，最后的结果是，11 个交易日仅上涨了 4.1%。

案例分析：生物疫苗板块指数，2018年1月9日，上涨斜率较大，个股活跃，见图8-4

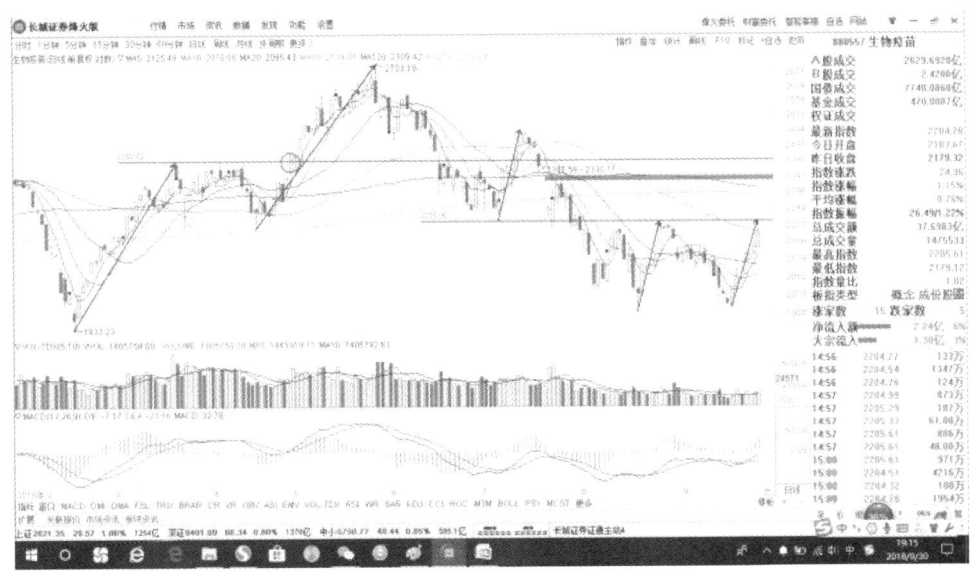

图8-4 生物疫苗板块指数，2018年1月9日

案例分析：宝德股份，2018年1月9日，妖股的斜率见图8-5

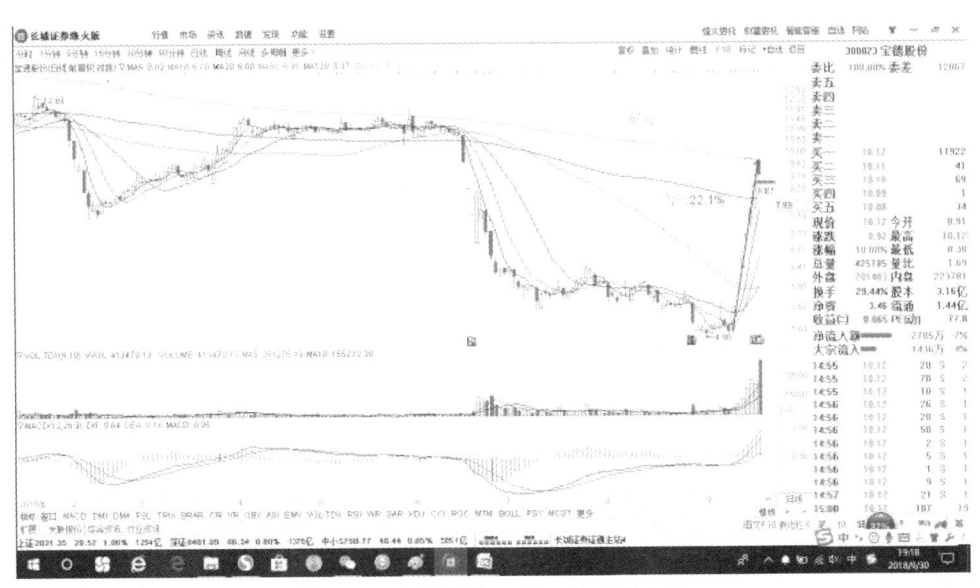

图8-5 宝德股份，2018年1月9日

效率最高的决策工具：标 K+成交量。

四、均线的节奏

均线的关键作用：个股及板块的趋势与节奏分析、买卖或加减仓的依据。

每个人都有不同的个性，对同一件事情内心也呈现出不同的反应，情绪反映在操作上，体现的就是急不急，买卖频率快不快。对于个股、板块和指数来说，不同的阶段、不同的标的会表现出不同的涨跌节奏，这种节奏在较长的时间周期内是会变化的，但阶段性会有惯性，可能会表现出某种节奏的一致性。

图 8-6 为中小板日线图，半年线成为很明显的压制线，大级别的下跌一直延续中。从 2018 年 5 月起，均线开始发散，说明下跌在加速。最近的积极变化（9 月底），K 线站在 MA20 上方，但 20 日均线保持下行态势，因此，这里的反弹高度有限。反向来看，未来中小板需要较长的调整时间修复下行中的半年线，等到突破的那一天，大行情就真的开始了。

案例：中小板日线，2017 年 3 月至 2018 年 9 月，注意观察 MA120 的节奏（灰色线，绿色箭头处）

图 8-6　中小板日线，2017 年 3 月至 2018 年 9 月

五、使用均线的注意事项

（1）均线是相对滞后的指标，敏感度稍差（高手用裸 K 的不少）。
（2）盘整市的均线没有太大意义（缠论中的"中枢"概念）。
（3）板块、个股的均线节奏不同，可区别对待。
（4）均线在大盘指数上的使用比个股更有效（不容易骗线）。
（5）越长的均线越可靠。

案例分析：股指期货 IF1812 合约，5 分钟级别 K 线，见图 8-7。

图 8-7　股指期货 IF1812 合约，5 分钟级别 K 线

紫色线为 5 分钟级别的 MA20，圆圈是均线交叉处，以 20 日均线为波段进出场依据，胜率很高！

第九章 形态

一、形态的意义

技术分析的本质是图形交易，所谓"经典图形"会重复出现，占据概率优势以提高胜算。

K线、K线组合、分型是技术分析的最基本元素，均线则是进阶，理论上精通均线基本上可以让自己立于不败之地。证券交易背后是观念、情绪、筹码的交换，价格波动的背后是有人看多有人看空，这种多空转换有时在瞬间完成，并且过程是可逆的，体现了市场的复杂性、不确定性。同样是卖出的动作，有人砍仓止损，有人获利了结，概因入场位置的不同。

技术分析的经典假设条件之一是历史会重演，市场分析人士经常会说现在的行情类似于过去的某某时间段。形态分析更多侧重于预测，为交易提供一定的预警和进出场备选方案。证券投资或者投机，目的都是为了盈利，最终都在买卖中实现，形态分析是重要的进出场依据。从逆向思维来看，所谓"经典图形"也经常被主力资金用来完成骗线、洗盘、吸筹、出货等动作。

市场强度和成功率正相关，行情好，则图形流畅；行情不好，则骗线增加。

世界上没有两片相同的树叶，股市也没有完全相同的行情。笔者认为，形态某种意义上是大概率重复出现的行为或图形，是对买卖点参考提示，但不宜过分执着，更不能刻舟求剑。证券投资理论从传统的偏重预测向交易对策方向发展，系统交易、量化交易发展迅猛。

走势形态的背后，历史不会简单重演，但人性亘古不变。

形态分析最主要的作用是识别顶底和中继（也称盘整、中枢）区域。

案例分析：沪指月线，2015 年 3 月至 2018 年 9 月，见图 9-1

图 9-1　沪指月线，2015 年 3 月至 2018 年 9 月

图 9-1 中间绿色箭头和红色箭头所指为下降通道，也称为"旗形"。

二、形态的分类

市场走势可以分为趋势和盘整两种，趋势又分为上涨趋势和下跌趋势，盘整是趋势的酝酿期、休整期。在证券交易中，转折是最重要的着眼点之一，大致可分为底部形态、头部形态、中继形态三类。

1. 头部形态

头肩顶、M 头、三重顶、圆弧顶、复合顶，如图 9-2 所示。

在顶底形态中，笔者将"颈线"称为"生命线"，顶部跌破颈线，意味着死亡；底部升破颈线，象征着重生。

案例分析：创业板日线，2015年8月至2016年3月，"M头"，见图9-2

图9-2　创业板日线，2015年8月至2016年3月，"M头"

案例分析：上证指数，2015年8月至2016年1月，"复合顶"，见图9-3

图9-3　上证指数，2015年8月至2016年1月，"复合顶"

2016年1月4日，上证指数大跌6.86%，著名的"熔断时刻"，一根大阴线铡断了所有均线。图 9-3 蓝色线为盘整区间下沿，也称为"颈线"。绿色箭头所指为"复合顶"。

案例分析：创业板日线，2017 年 6 月至 2018 年 2 月，"圆弧顶"，见图 9-4

图 9-4　创业板日线，2017 年 6 月至 2018 年 2 月，"圆弧顶"

案例分析：中国平安，2017 年 8 月至 2018 年 6 月，"三重顶"，见图 9-5

图 9-5　中国平安，2017 年 8 月至 2018 年 6 月，"三重顶"

个股形态，除了流通市值千亿级别的大家伙，大部分股票的形态都是主力"刻意画出来的"。早期的市场，参与的人少，信息传递也不方便，技术分析相对有用。现代则基本上沦落为主力的骗线工具。大家可能已经发现，真突破只有一次，假突破则无穷多。大资金可以针对不同的流派画线，你要什么图形就画什么形态给你，最后都是为了收割。所以，逆向思维很重要，尤其在震荡市。跌多了你不应该恐慌割肉，而是要思考，是否买入良机，反之亦然。

注意：骗线太多，形态（图形）的价值在降低。

关于线图，周期越长越有效，盘子越大越真（因为不容易骗线）。

2. 底部形态

底部形态和顶部形态相反，成镜像。除了上下位置的区别，最大的差别在成交量，顶部放量，底部缩量，如图 9-6 所示。

案例分析：上证日线，2017 年 3~6 月，见图 9-6

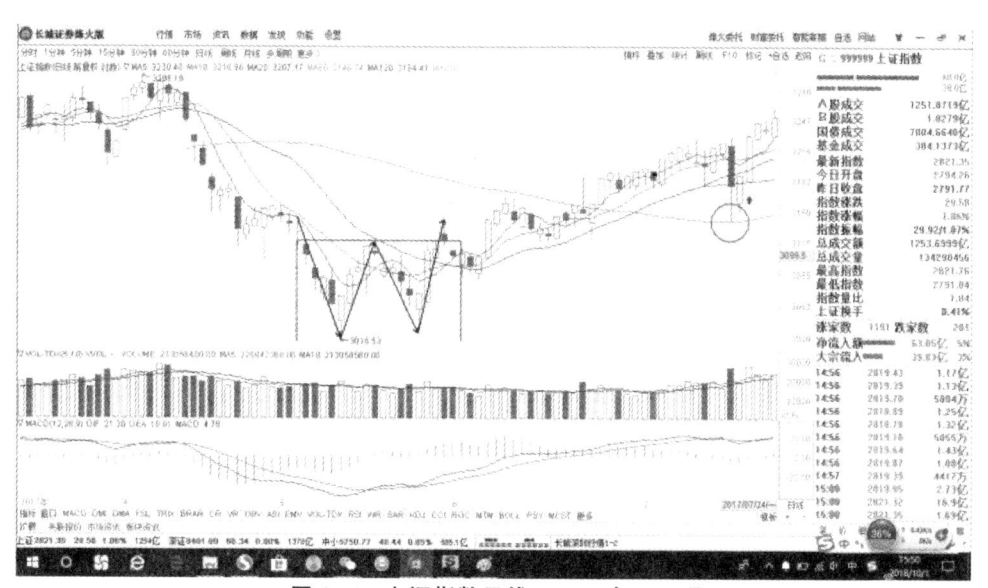

图 9-6　上证指数日线，2017 年 3~6 月

顶底的差别：顶部，尖顶多；底部，圆弧底多。

心理学原理，顶部获利盘多，成交量大，价格一旦破位，恐慌情绪容易传染，导致跟风盘杀跌。底部，市场信心低迷，成交清淡，情绪恢复需要过程，对于底部的上涨，将信将疑比较多。

底部形态，要考虑稳定性。底部的形成需要充分的筹码交换，时间是修复心理创伤的良药，底部磨的时间越长，未来可能的上涨空间越大。所谓"横有多长，竖有多高"。尖底多半源于突发利好消息的刺激，一般这种形态都不太稳定，毕竟"独木难支"。

双底在形态上更为多见，经历了股价的二次回踩，心理上的回探也同步完成。这里需要注意的是，双底中的第二个底应该比前一个底高，否则就有瑕疵。上攻之后再来一次回踩构成头肩底则安全性高很多，也会吸引更多的观望盘入场。

案例分析：海天味业，2017年11月至2018年9月，圆弧底，见图9-7

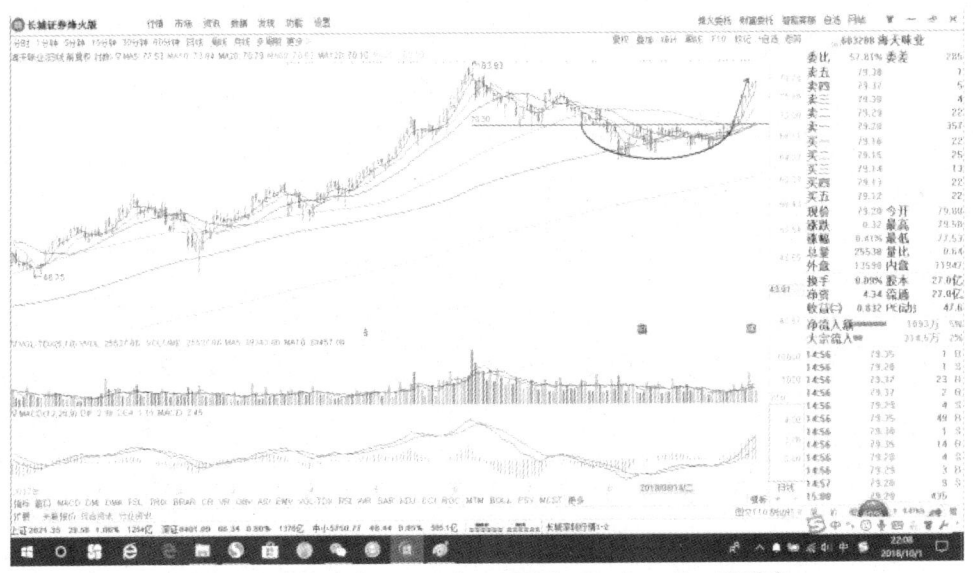

图9-7　海天味业，2017年11月至2018年9月，圆弧底

3. 楔形

楔形是三角形的变种，因图形狭长尖锐如同木工中的"楔子"而得名。

楔形是比较重要的中继形态，意味着趋势力量的衰竭，包括上升楔形（空头味道）、下降楔形（多头味道）。上升楔形底部是逐渐抬高的，对多头有一定的迷惑性。反之，下降楔形底部是逐渐下降的，对看空者有一定的欺骗性。

楔形走势是一个波动收敛的过程，其心理学原理，代表多空拉锯力量的衰竭，末端将选择方向。相对于普通的三角形整理，楔形时间长、幅度小，暗合"时间换空间"的原理，一旦决出胜负，则随后的价格走势速度快，幅度大。

案例分析：上证 15 分钟图，2018 年 8 月 29 日~9 月 20 日，下降楔形，见图 9-8

图 9-8　上证 15 分钟图，2018 年 8 月 29 日至 9 月 20 日，下降楔形

2018 年 9 月下旬，沪指一度探底 2644 点，市场悲观情绪浓厚。从形态上分析，此时处于"下降楔形"，空头力量正在衰竭中，反弹一触即发，过分看空不足取。

案例分析：康泰生物，5 分钟 K 线图，2018 年 9 月 5~14 日，上升楔形，见图 9-9

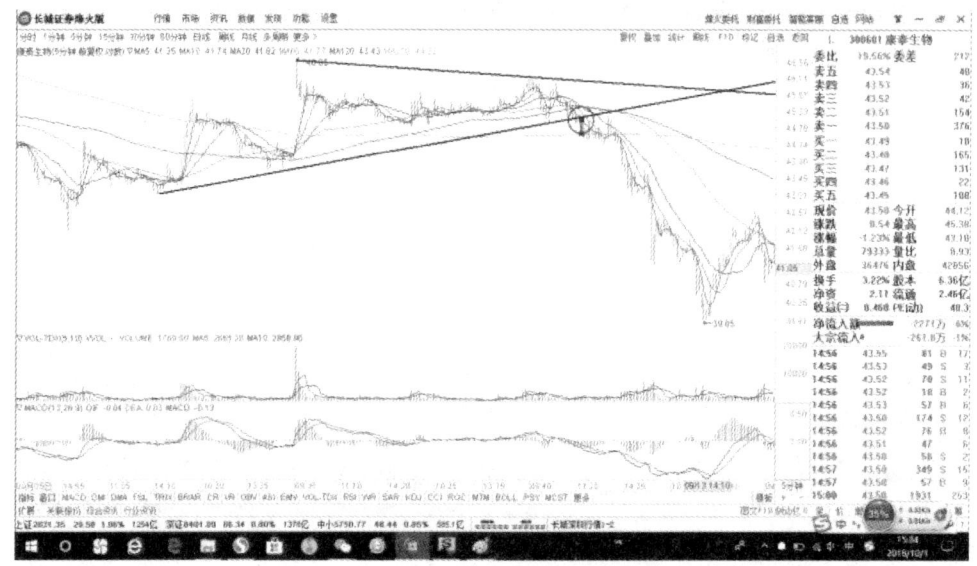

图 9-9　康泰生物，5 分钟 K 线图，2018 年 9 月 5~14 日，上升楔形

三、形态的预测作用

　　传统的技术分析书籍中，比较偏重预测，现代的投资著作中更多强调策略应对（或称"博弈"）。散户喜欢别人直接告诉他结论，比如具体涨到多少点。喜欢预测点位的大 V 比较受欢迎，不过能长期存在的极少。

　　形态提示的阻力位、支撑位都是一种可能性，而且相信的人越多，实现的可能性越大。有点像索罗斯的"反身性"理论，大家的一致性看法，强化了这种预期，最后实现的可能性更大。例如头肩顶出现后，下跌目标位为高点到颈线的距离，相信者可以找出很多符合的案例，但统计学上面并没有确认，也许不符合的情况更多。

　　包括早年的波浪理论、江恩理论等，应用者以点位预测为主要目的，事实证明，这样的努力方向是徒劳的，包括形态分析。因为市场有需求存在，所以预测之声不绝于耳。坦白说,笔者早年进入股市也是这么认为的,走势可以预测,没做到那是自己学艺不精。笔者也曾经花费大量的时间研究波浪理论、江恩理论,最后发现是个歧途,希望后来者不要重蹈覆辙。

比较经典的头肩顶幅度测算法,下跌幅度约等于顶部到颈线的距离,这样的例子当然有的是,但不符合的更多,这也是证券市场"混沌"的一面。

四、杯柄战法(威廉·欧奈尔)

"杯柄战法"本质上是"圆弧底"+回撤+颈线突破,因形同杯柄而得名。就凭这个,欧奈尔老师专门出了一本厚厚的书,当然,其中也包括了一些基本面筛选。

笔者在"事后匹配"的过程中发现,符合"杯柄形态"的案例非常少,当然这和我们身处熊市有关。可如果现在是牛市,管它什么形态呢,估计马桶形态也会涨的。

案例分析:平安银行,2018年1月9日,杯柄形态,见图9-10

图9-10 平安银行,2018年1月9日,杯柄形态

（1）2018年8月24日，7.16%的大阳突破颈线位，确认圆弧底构筑完成。

（2）2018年8月27日，短期涨幅较大之后，调整时间长达3周，横向下的调整K线，构成茶杯的"柄部"。

（3）2018年9月21日，4.3%的大阳突破前高（杯沿），杯柄形态完成，确认新的一轮上涨开始。

杯柄形态利弊分析：

优点：买点确定性高，回避了"柄部"震荡的煎熬，买点偏右侧。

缺点：买点相对滞后，但安全性较差，成本没有优势。

灰色圆圈是突破圆弧底颈线的买点，快手的成本大约在9.6元附近，其后最高涨到10.43元，浮盈8.6%。如果以颈线位止损位，则可以一直坚守，杯柄的最低点9.68也没破颈线。但是浮盈基本回吐完毕，盘整期的煎熬对人性考验较大。如果买点偏高一些，很可能在再度起涨前产生浮亏，如果熬不住砍仓，则悲催地倒在黎明前。

以职业盘手的经验，左侧比右侧收益高，左侧股价成本低，但心理成本高。

结论：左侧买点＋忍受震荡＝相对高收益。

第十章 画　线

"道氏理论"是技术分析的鼻祖，后面的"波浪理论"是在道氏理论基础上的演变。技术分析人士热衷于在 K 线图上画各种横线、斜线，以便趋势一目了然。

画线一般分为：颈线、水平线、趋势线、通道线等，颈线是顶底形态划分的关键，水平线更多地用于划分盘整区间，（斜线）趋势线反映了趋势运行的速率、节奏，通道线是一种相对标准的走势，对应的还有收敛型、扩张型。

记住：级别越大的线，重要性越高。

一、趋 势 线

趋势线为高、低点连线，向上的线为上涨趋势线，向下的线为下跌趋势线，趋势线具有支撑和阻力作用。

趋势线是买进卖出的重要参考依据。

案例分析：上证指数日线，2017 年 12 月至 2018 年 9 月，见图 10-1

（1）左边蓝色趋势线，5 月初（图 10-1 蓝色圆圈），出现中阳、均线金叉、趋势线突破等多头共振信号。

（2）趋势线被突破之后，其作用会从阻力变成支撑，如 7 月初出现的红色底分型标识。

（3）右边出现了第二根下降趋势线（黑色），但斜率变小，说明下跌趋势变缓。趋势的转变是一个过程，从快跌到缓跌，然后不跌，转为上涨。

（4）2018 年 9 月 18 日：（黑色圈）附近，趋势线再度突破，跌势趋缓，

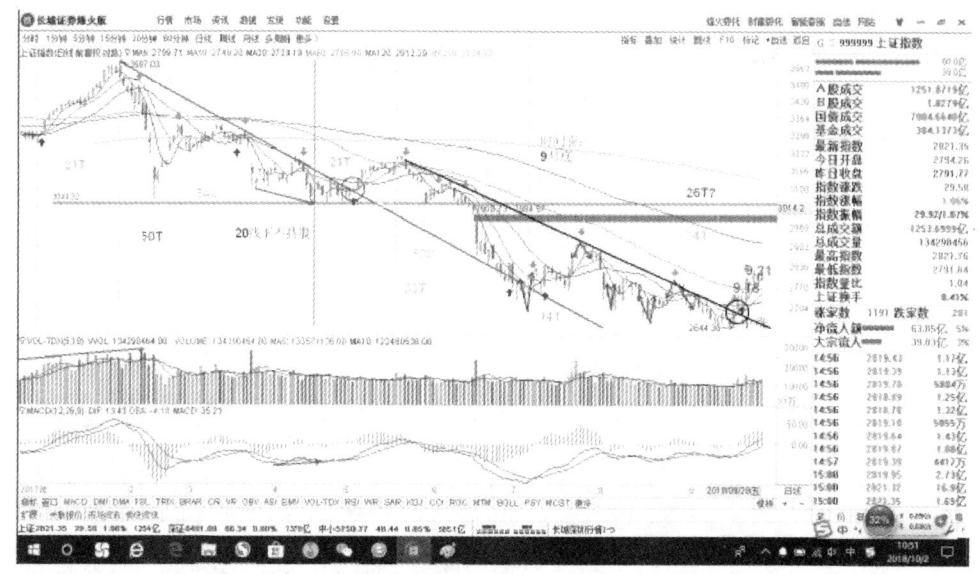

图 10-1　上证指数日线，2017 年 12 月至 2018 年 9 月

均线突破级别放大，从 20 日均线变成 60 日均线，且下跌时间较长，从时空互换角度看，反弹级别有放大的可能。

二、水平线

水平线具有颈线（生命线）、盘整区间划分的作用，在期货交易中，裸 K 是常用的手段，但水平线在移动止损和持仓方面作用巨大。

案例分析：世纪星源周线，2009 年 11 月至 2016 年 2 月，见图 10-2

（1）楔形：世纪星源经过了长达一年半的楔形整理，在末端面临方向选择。2014 年 9 月初出现楔形突破，9 月中出现放量大阳的突破，被突破的是周线的 MA120 均线，这一定是大级别上涨的开始。

（2）盘整突破：9 月中下旬，再度放量长阳突破长达两年的盘整区域，横有多长竖有多高在这里得到完美演绎。

（3）涨 1 倍卖压：股价短期内上涨 1 倍，从心理学上讲容易产生"涨 1 倍卖压"（胡立阳），同样利润回吐一半容易产生支撑也有一定的心理学道理。

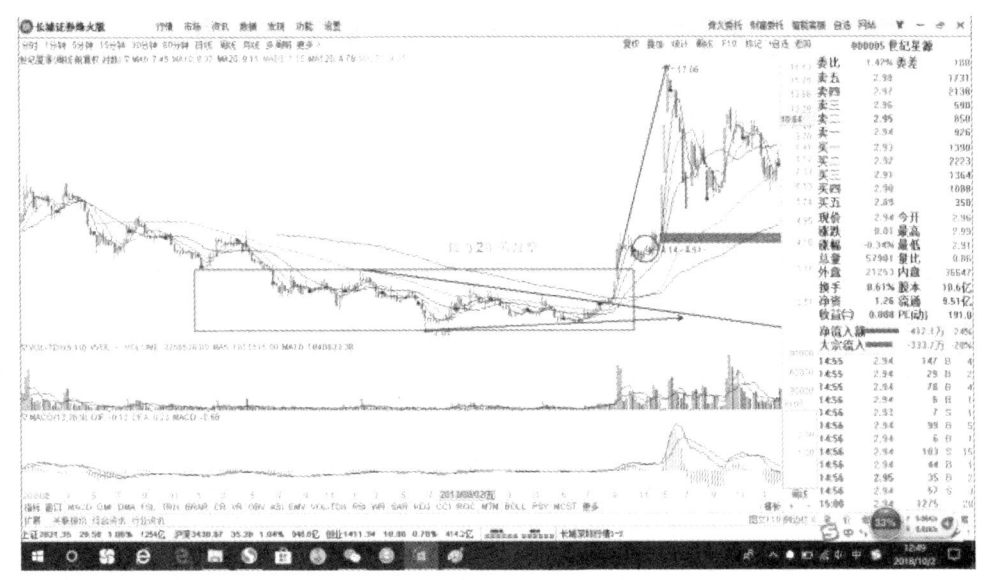

图 10-2　世纪星源周线，2009 年 11 月至 2016 年 2 月

同时"前高遇阻"，双重因素共振，导致个股连续调整 10 周。

超级主力志在长远，底部涨一倍往往刚刚完成建仓，在后面的震荡盘整当中，又抖掉相当一部分浮筹，才能身轻如燕，一飞冲天。

"不谋全局者，不足以谋一域""胸中有沟壑，腹里藏乾坤"，赚大钱一定要有大格局。

三、通道线

通道线是价格运行的区间，具有方向指引作用，顶底支撑、阻力作用。等距离通道线，除了顶底的指引，还有幅度的预测作用。

关注转折点的反应是证券分析的要点之一，例如俗话说"该涨不涨必下跌"，这里的转折点也可以理解为关键点，如重要的支撑位或阻力位。长周期的阻力位被突破，很可能意味着一波较大的上涨行情产生。

引申来讲，市场走势对消息面的逆向反应，也是判断市场情绪转向的重要指标。在牛市中，出现利空消息会继续上涨，因为"利空出尽"，熊市反之。

案例分析：上证指数周线，2014年3月至2018年9月，见图10-3

图10-3　上证指数周线，2014年3月至2018年9月

（1）高点位置：2016年12月和2018年1月；低点位置：2016年2月和2018年5月。

（2）支撑和阻力的互换，2018年5月处，通道线下沿遇支撑，短暂上行之后转头向下。

（3）下跌幅度：2018年8月到达下一个通道线，有效支撑并产生反弹的可能性较大。

四、趋势线在股指期货交易中的应用

趋势线的作用和均线有相通之处，因为是线性的，更加简单、直观，对于交易指令的发出和执行更具有唯一性。笔者在股指期货交易中，除了均线之外，大量使用趋势线，实战效果不错。

第十章 画线

案例分析：股指期货，IF1812，15 分钟级别，见图 10-4

图 10-4 股指期货，IF1812 合约，15 分钟级别

（1）股指期货带杠杆，5 分钟、15 分钟的波动考虑杠杆效应，净值波动接近股票的日线，而且还是 T+0 双向交易，对多空转折点要求比较敏感。

（2）5 分钟级别的 MA20 均线体系可以完整实现波段炒作。

（3）趋势线具有一定的价格指示作用，以 IF 为例，对应的现货标的是沪深 300 指数，该指数以大盘蓝筹为主，被人为操控做骗线的概率极小。对比股票，传统技术分析、形态交易等在股指期货中的可靠性大大提高。

（4）趋势线的阻力或支撑作用，在期货里面可以做预警作用，交易者心中先有预案，然后等待 K 线的信号出现，然后是均线的形态确认。

第十一章 成交量

成交量常常因为过于简单、普通，反而容易被忽略。事实上，成交量隐含了很多重要的市场信息，成交量是仅次于价格变动本身的最重要参考因素，故单列一章。

一、成交量的基本概念

成交量是指单位时间内买卖成交的数量，一般以金额表示。在市场的不同阶段，成交量大小代表的市场冷热程度几乎是天壤之别。在 2015 年 6 月牛顶附近，沪市一天的成交量达到惊人的 1.3 万亿元。而身处熊底的成交量则可以萎缩到窒息，例如 2012 年 11 月 20 日，成交量只有 333 亿元。

上一轮牛市，指数的最大涨幅只有 1.8 倍，而成交量则放大 33 倍。2007 年的那波牛市，指数最大涨幅 5.1 倍，成交量最大放大 67 倍，可见成交量的几何级放大是牛市的必要条件。2005 年 7 月 7 日，沪指成交量只有 37.7 亿元。对于下一轮牛市的推演，有一个辅助指标可以观察，熊底的缩量是否到极致。现阶段的最低量是 2018 年 9 月 17 日的 869 亿元，对于底部来讲，还不够低。

股市有句名言："量为价先"，可以说：成交量在市场力量上是一项决定性的因素。

二、成交量均量线

均量线，一般用 5 日、10 日长短两个时间段的成交量均值来表示，相比价格的波动均线，成交量均线的敏感度稍弱。

案例分析：上证指数日线，2018 年 2~9 月，见图 11-1

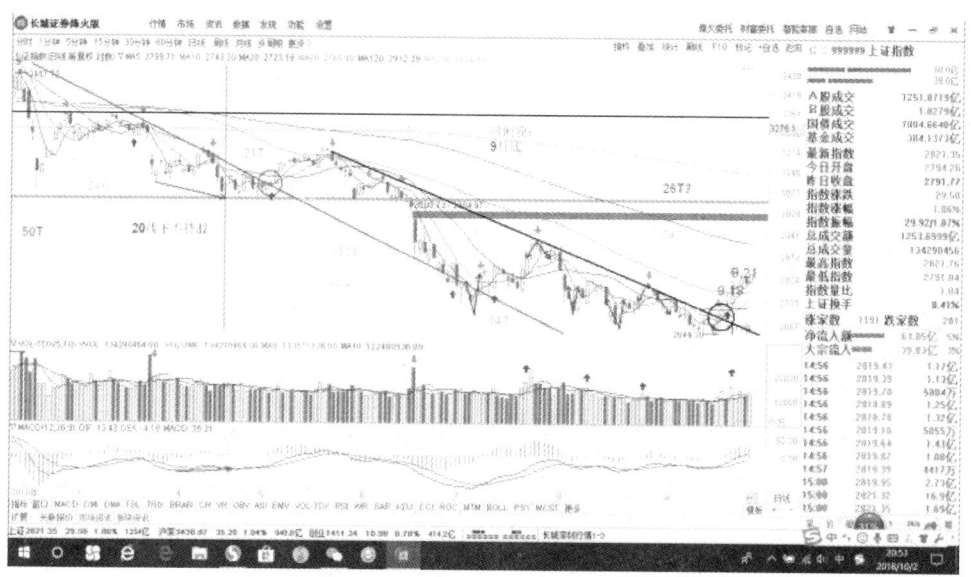

图 11-1　上证指数日线，2018 年 2~9 月

（1）图 11-1 绿色箭头所指两个放巨量下跌的成交量，远超均量线，说明下跌力量强劲。

（2）从 2018 年 7 月下旬起，上涨放量超过均量线的交易日明显增多，表明市场下跌抵抗力量增多，趋势有阶段性逆转的可能。

三、成交量的作用

成交量是供给和需求的衡量标准，成交量也反映了市场情绪。成交量越大，说明当前市场参与的人或资金越多，市场活跃度较高，行情趋势多半较好，个股赚钱机会较多。反之，成交量低迷，反映市场人气清淡，通常伴随着趋势下行，赚钱效应较差。

成交量减少意味着价格趋势缺乏信心，稳固的和正在增长的成交量是强劲趋势的代名词。如同单根 K 线一样，单日的成交量信息有限，判断成交量的意义，还要看位置和形态。高点和低点、中继的缩量和放量，含义大不同。

阻力位、支撑位是一种多空平衡的状态，多头再往上攻信心不足，空头也不敢大肆甩卖以防踏空。可以说，阻力位是让投资者犹豫不决的位置，上涨阻力位的突破必须放量，不能拖泥带水。快速突破，则墙头草会加入多头大军推波助澜，磨磨蹭蹭，则容易被空头顺势砍杀。

成交量也是信心的反映，反弹过程中出现量暴增信号，但带有长上影线，有可能是拉高出货的动作。高位（位置）、长上影线（形态）+放量，此时需要做防守的预案，除非在很短的时间内价格继续放量拉得更高。

量缩是洗盘的明显特征。因为主力的真实意图是震仓，洗掉不坚定筹码。在盘整区间，判断主力是吸筹还是出货，最简单的标准就是看量价关系。阳量大就是进货，阴量大就是出货，相比 K 线，成交量要诚实得多。

案例分析：平安银行日线，2018 年 2~9 月，在圆弧底附近，明显阳量大，阴量小，是资金持续流入的标志，见图 11-2

图 11-2　平安银行日线，2018 年 2~9 月

成交量可以预测这些趋势的发展方向、强度、时机。"价增量减"有可能是惜售，"价量齐升"是标准的攻击信号，"价量背离，有出货的嫌疑"等，需要特别注意形态的配合。要能区分哪些是诱多，哪些是真涨；哪些是挖坑，哪些是真跌。在盘底期出现量能萎缩，代表进货走势可能告一个段落。

案例分析：白云山日线，2018 年 1~7 月，见图 11-3

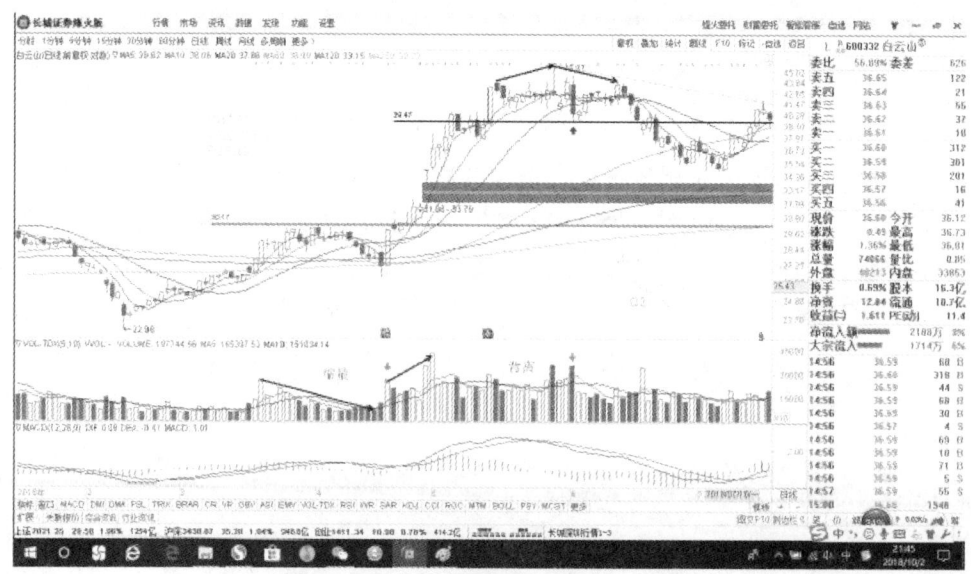

图 11-3　白云山日线，2018 年 1~7 月

（1）左边，上涨放量，下跌缩量。4.19 放量涨停，一阳吞 7 阴，宣告前面的下跌都是洗盘。

（2）颈线位突破之后继续放量大阳突破，价格迅速脱离盘整区，成交量最大放大 8 倍。

（3）价量背离：2018 年 5 月 15 日的放量涨停，成交量没有创新高，出现价量背离信号。

（4）高位巨阴出货：5.29、6.1，行情基本终结。

（5）头肩顶右肩完成：2018 年 6 月 12 日。

四、成交量的位置关系

成交量相对不容易骗人，简单地说，放量，意味着趋势延续，缩量代表趋势不可持续。这个规律对于上涨市更有效，下跌则不一定，缩量阴跌是可以跌很久的。例如 2018 年 5 月 4 日，沪市成交量跌破 1500 亿元，今年来正常交易日的首次（春节前最后一天，也符合缩量标准，吃个开门红可以有）。笔者在当日的收评文章中指出："大盘缩量，机会临近"，然后就来了一波小扬升。

当价格在成交量递增基础上升或下跌，预示着趋势的准确性。

阻力是一种供给水平，上涨阻力位，意味着这个位置想卖的人较多，筹码供应链增大。结合形态分析，在前高（阻力位）往往套牢盘居多，很多被套的股民期待解套离场。低位持有者在前高附近也会有主动的抛盘动作以回避过山车走势，这时候就会和套牢盘形成共振。

补充案例：恒生指数日线，2018 年 1~9 月，见图 11-4

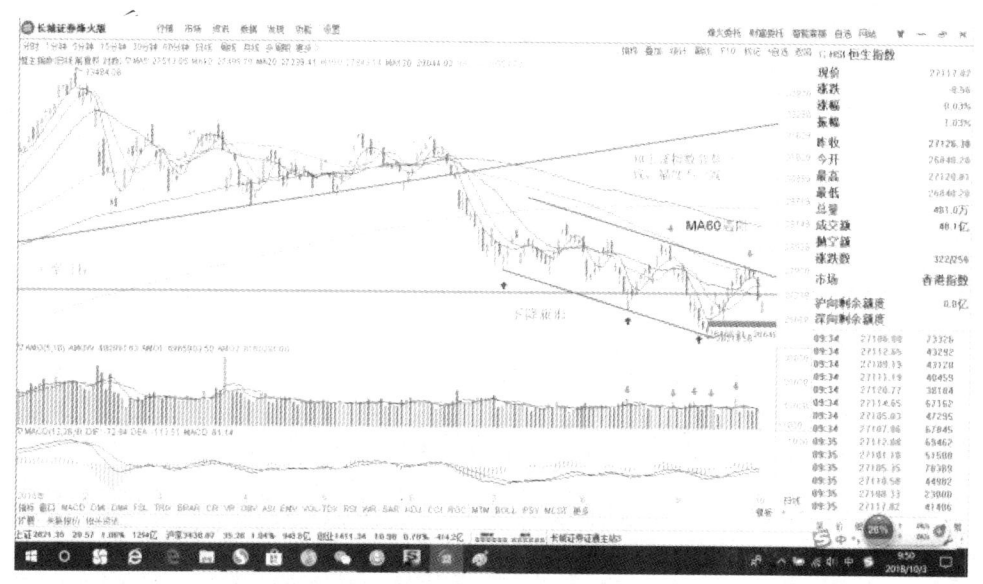

图 11-4　恒生指数日线，2018 年 1~9 月

（1）旗形通道：观察右侧的下降通道，在形态学中又称旗形，如果下通道线斜率平缓一些则演变成下降楔形。该形态如果发生在上涨途中，则成为上升旗形，有一定的多头味道。图 11-4 为下跌趋势中的上升旗形，比较特殊，显示行情走势的矛盾和纠结。

（2）中均线遇阻：通道线上沿为 60 日均线，处于明显的下降态势，从"论资排辈"角度讲，岁数（周期）越大，方向指引越权威。用均线来解读就是，中、大级别下跌趋势，中、小级别有反弹抵抗。

（3）分型转折频繁：在短短的两个月时间里，共出现 10 次日线顶底分型，短线冷热情绪转换频繁。国庆期间（10 月 2 日）的单日中阴也许并不可怕，短期再现抽风式反弹也很正常。

（4）成交量均线：成交量区域绿色箭头处，超过均量线的放量阳线较多，显示资金流入正向。

（5）缺口支撑：主力在低位吸筹时，在价格方面，通常会守住关键的支撑价位，以免"心理价位"被击穿，导致恐慌盘流出，自己被动。预计图 11-5 右下方的缺口短线有支撑。

五、顶底的成交量分析

成交量是行情能否延续的关键，也是波段底部的重要参考。上涨行情依赖不断放大的成交量来维持，上涨中的高换手率使买卖双方都有赚钱效应，卖出的赚钱，买入的不久也会赚钱。良好的赚钱效应持续不断地吸引场外资金加入，而短期卖出者也并没有真正离场。熊市则反之，是一个资金逐渐离场的过程。

图 11-5 为融资余额与上证指数叠加图，上方红色为沪深融资余额，下方灰色为上证指数。

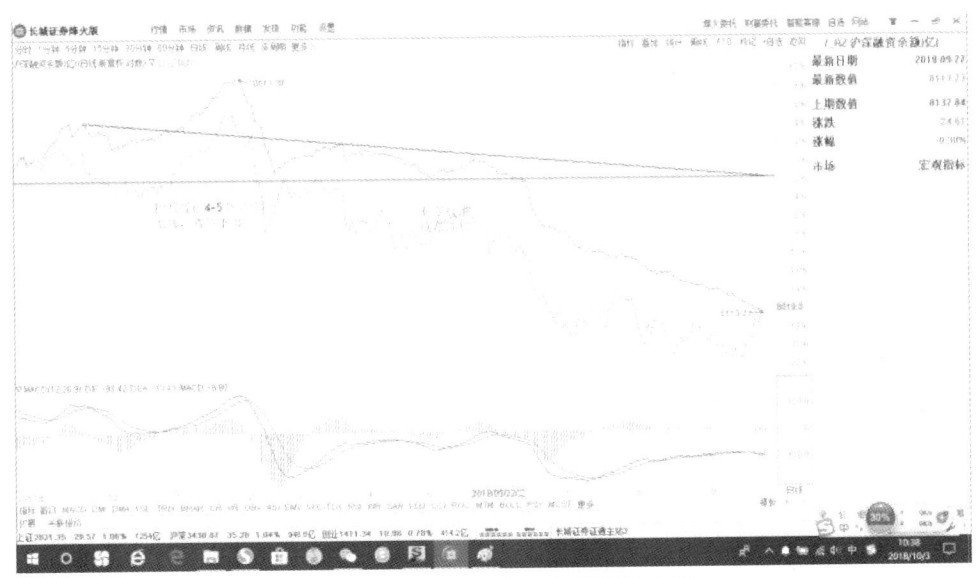

图 11-5　融资余额与上证指数叠加图

（1）下跌趋势是一致的，融资余额流出更坚决。
（2）整体节奏一致，指数波动更大一些。
（3）同步性：融资余额的顶底略滞后于指数，大约 4-5T。
结论：融资余额没有逆转的反弹，都是耍流氓。

顶部特征：中途成交量持续放大，顶部价量背离（难以为继）。

案例分析：上证指数周线，2014年5月至2016年1月（2015年牛市），见图11-6

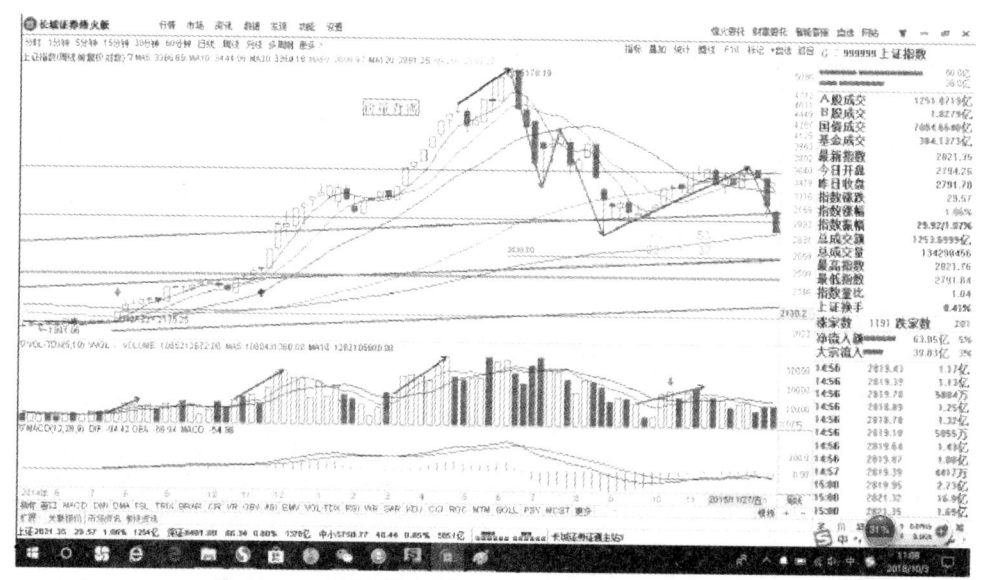

图11-6　上证指数周线，2014年5月至2016年1月

（1）波段上涨：周线图左侧，完整的3波段5浪上涨，上涨段都伴随着成交量的持续放大，且每一段成交量都比上一段放大。

（2）趋势衰竭：俗话说，"股价不可能涨到天上去"，趋势总有衰竭的一天，最终会表现为成交量的难以继续放大。图11-6上方的黑色箭头，为"量价背离"。

（3）5浪延伸：弱势走失败的5浪，强势走5浪延伸，最终都表现为趋势衰竭，辅助指标往往会出现明显的背离信号。

一旦成交量不能再创新高，则顶部不远；一旦成交量萎缩到极致，则反弹不远。

案例分析：上证指数周线，2004 年 7 月至 2008 年 2 月（2007 年牛市），见图 11-7

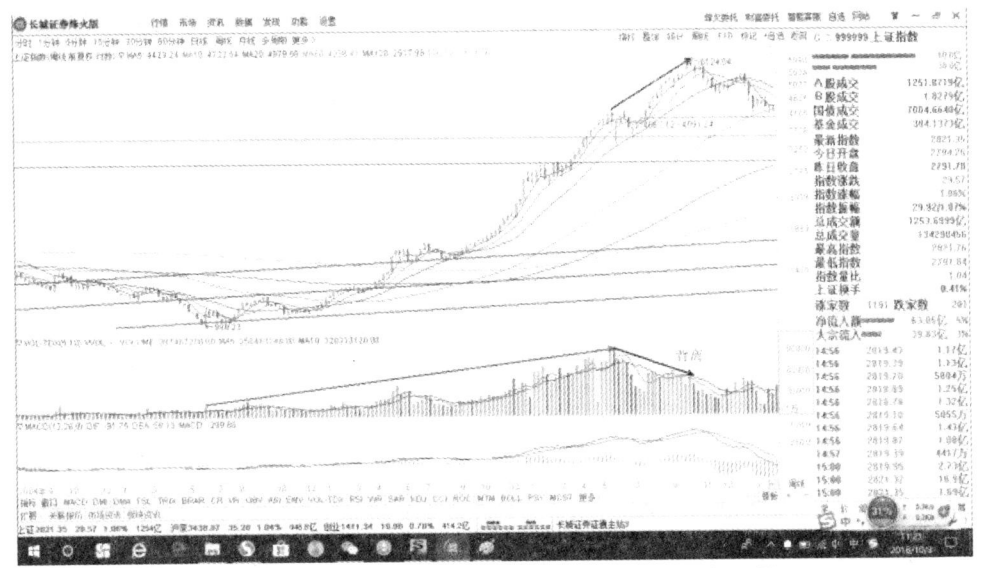

图 11-7　上证指数周线，2004 年 7 月至 2008 年 2 月

注意：成交量顶部出现后，指数又继续上涨了 4 个月，技术上称为"喷顶走势"。个股在最后的疯狂中翻倍的比比皆是，作为投资者畅饮啤酒泡沫的美味同时，你要清楚状况，并制订撤离计划。

如果说市场顶部把人性的贪婪放大到极致，那么在底部就是把人性的恐惧放大到极致。不同于顶部情绪瞬间反转，大家都想夺路而逃，最后形成踩踏；底部是一个漫长的折磨过程，奄奄一息，最后窒息。

大资金进出市场不够灵便，一般会打提前量，在上涨途中，尤其是成交量还在放大的过程中卖出更安全，也更容易。熊市末期，经常出现个股闪崩，有些票甚至质地还不错，看起来"浓眉大眼"的，也会莫名其妙地大跌。

案例分析：上证指数日线，2013年10月至2015年1月，见图11-8

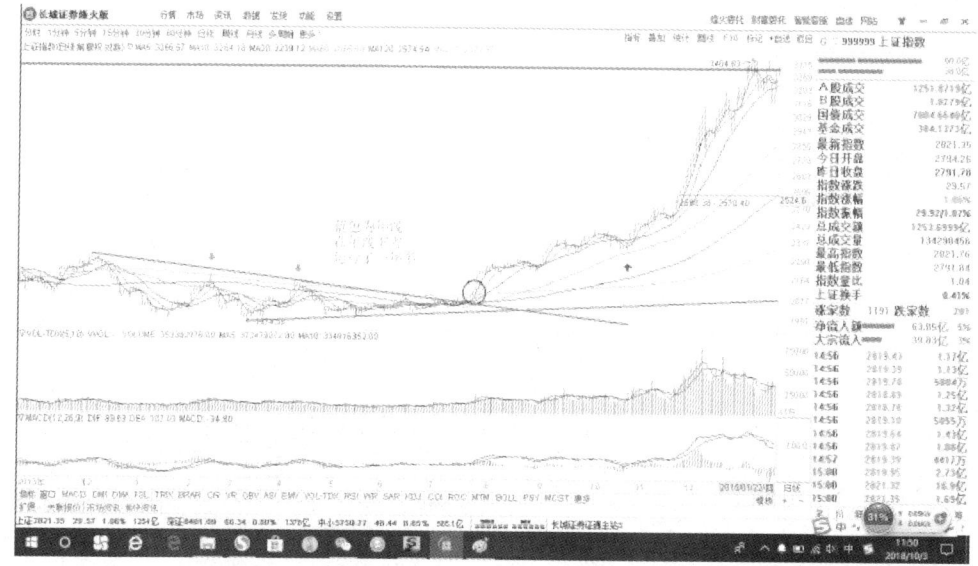

图11-8 上证指数日线，2013年10月至2015年1月

（1）形态：长周期下降楔形，突破之后的趋势发展空间巨大。

（2）年线：在年线下方运行了一年半，超大级别的蓄势。

（3）均线黏合：多条均线黏合，是变盘前的信号。

（4）成交量：持续低迷，经常出现500亿元左右的日成交量。

当前行情对比：

（1）上证指数2018年3月起跌破年线，并在下方运行，时间还不够长，假设节奏有可比性，则下一轮大牛在2019年下半年启动（多角度验证）。

（2）成交量萎缩不够，只有几个交易日成交量低于千亿元，后面至少要多次萎缩到800亿元附近。

案例分析：上证指数日线，2003年12月至2006年10月（2005年熊底），见图11-9

图11-9　上证指数日线，2003年12月至2006年10月

（1）形态：大W底。

（2）年线：指数在年线下方运行了大约一年半（19个月）。

（3）反抽：两波熊底都分别有两次反抽年线遇阻。

（4）低点：底部是一个区域概念，很多股民执着于那个最低点才叫底部。以过去两轮熊市的低点看，最低点大约提前在启动点半年前出现。

下一轮牛市猜想：

（1）牛市启动点：2019年9~10月。

（2）本轮熊市最低点：在2019年1~2月。

（3）至少还有一次反抽年线的机会：这波反弹是否有可能？

六、成交量在买卖方面的辅助决策

证券市场的定价最终由流动性来决定，成交量大则意味着流动性好。某种意义上，熊末频繁出现的妖股，因为人气高，换手率极大，反而比较安全，至少流动性安全。

案例分析：宝德股份，2018年5月9日，成交量、换手率持续放大，见图11-10。

图11-10　宝德股份，2018年5月9日

孤立的形态并不是全面的分析，必须考虑成交量和趋势。将成交量与价格——其中包括：关系、形态、背离、利弊的结合才是真正形成成交量分析的基础。当日线看不清楚时，可缩小K线周期观察，股票日线级别对应的最小周期建议使用30分钟均线。

案例分析：华友钴业 30 分钟均线图，2018 年 8 月 21 日至 9 月 30 日，见图 11-11

图 11-11　华友钴业 30 分钟均线图，2018 年 8 月 21 日至 9 月 30 日

日线级别处于低位，小波段上涨，30 分钟均线级别整体属于盘整走势，成交量对应的价量关系表明，主力资金明显在吸筹（个股非推荐）。

案例分析：赣锋锂业，2018 年 2 月 9 日，见图 11-12 右侧红绿箭头处

图 11-12　赣锋锂业，2018 年 2 月 9 日

— 77 —

（1）K线形态：墓碑线，空头味道浓。

（2）K线组合：顶分型。

（3）位置：波段相对高点。

（4）均线：60日均线下行，受阻。

（5）成交量：放量大阴棒。

（6）结论：短线看空。

下跌放量：抛盘大，上涨放量，买盘大。

放量，表明趋势延续；反之，则意味着不可持续。通常底部成交量激增是由市场情绪驱动的，强劲趋势市场内太高的成交量，可能是趋势转变的警告。随着恐慌性下跌，放量下跌之后，缩量盘整，确认跌不下去，趋势反转。上涨趋势中的次级回踩，通常缩量，如果能在中期均线获得支撑，则买点更加确定。

案例分析：白云山，2017年9月至2018年7月，图11-13红圈处：缩量回踩均线，且MA60、MA120、MA250、多条中长期均线密集，支撑的有效性更高

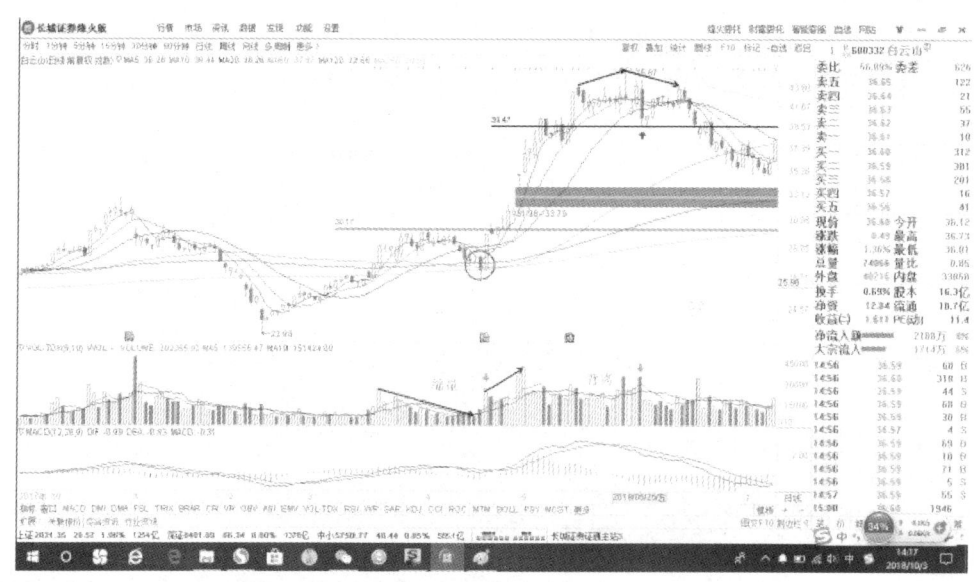

图11-13 白云山，2017年9月至2018年7月

口诀：放量上涨、缩量下跌、回踩均线、涨势必现。

第十二章 周期

一、什么是周期

所谓周期就是阶段性重复发生的事情，其连续两次出现所经过的时间叫"周期"。"离离原上草，一岁一枯荣""人有悲欢离合，月有阴晴圆缺"，说的都是周期，前者是年度，后者是月线。人类是大自然的产物，人类社会的活动与结果也遵循自然规律。既有万物凋零的时刻，也有草长莺飞的光景。

证券投资到了高级阶段，技术分析、基本面研究都会变成"小儿科"，历史、哲学、心理学将成为必修课。研究市场的历史走势是证券参与者的重要课题，"一旦你对过去的价格动作了然于胸，就有能力应对即将到来的波动，并从中获利！"（利弗摩尔）哲学是对现象的总结和提炼，方法论试图找出重复盈利动作背后的一般性规律。所有其他问题解决之后，情绪波动导致的应对失策是证券交易的最大难关。"知七年，行七年，知行合一十四年"，心理学知识是知行合一的必要保证。

人类之所以成为地球上唯一的高等动物，是因为我们有语言、文字，具备学习的能力。从历史中学习纠错，从逻辑中推演未来。

你能看到多远的过去，就能看到多远的未来——丘吉尔。

二、周期无处不在

从人类感知的角度，大到年轮，小到钟摆，周期无处不在。周而复始是大自然的客观规律，人类社会活动也具有周期性，有的显性，有的隐性。比如经济周期、货币周期、政治周期等。

周期在金融、经济、政策等研究中占据重要位置，比较著名的中长周期有：基钦周期，又称存货周期，平均长度为40个月（德国）；朱拉格周期，又称资本支出周期，朱拉格周期平均长度10年，朱拉格周期通常包含3个基钦周期；库兹涅茨周期，又称财产周期，或建筑周期，库兹涅茨平均周期为20年。

库兹涅茨周期相对生僻，代之以房地产周期，则显得如雷贯耳，其长度的另一种说法平均为18年。长周期有康德拉季耶夫周期：53.3年（俄国），也称创新周期，康波的另一种说法是60年，是中文里的一个甲子（周金涛），大约包含3个房地产周期。和我们资产关系紧密的是基钦周期和房地产周期，财富人生的要义是抓住一两波大牛市。

和我们工作、生活密切相关的是繁荣和萧条的交替出现，在《逃不开的经济周期》一书中，拉斯·特维德引用了朱拉格（法国）的一句名言："萧条的唯一原因就是繁荣。"萧条之中孕育下一轮繁荣，繁荣之后再度萧条，循环往复。超级繁荣大多酝酿于金融危机时期，当下的萧条也许并不可怕，只要活着就好。

三、A股的周期

A股在不算长的历史中，经历了数轮牛熊循环。股谚有云："择时优于择股"，研究股市周期，有时比研究个股、行业重要得多。

1. 基钦周期（40个月）

案例分析：上证指数月线，2005年3月至2018年9月，见图12-1

图12-1 上证指数月线，2005年3月至2018年9月

（1）周期线：图中黑色线间距40个月，4条当中有3条发生了月线级别的转折（牛熊转换）。鉴于长周期的偶然性很低，因此笔者认为40个月的基钦周期在A股市场得到某种印证。

（2）时间窗：下一个时间周期转折线将落在本月（2018年10月），性质如何，值得高度重视。

（3）相似性：笔者认为，4次转折点唯一没有形成牛熊转折的行情，将在今年复制（节奏相似性）。2018年10月的高点有可能在2915点之上，以完成月线底分型。然后11月、12月继续调整，破2638点，完成顶分型。9个月后，大约在2019年7月，新牛市开启（多角度验证）。

2. 朱拉格周期（10年）

熊底：2005年6月（998点），牛顶：2015年6月（5178点），间隔整整10年，是巧合还是必然？

熊底：1991年5月（104点），牛顶：2001年6月（2245点），间隔又10年，中间有什么规律？

金融危机的本质是货币的扩张与收缩,每次危机的间隔时间大约都是10年,因此朱拉格周期又称资本支出周期。

不赞成长期持有股票,长期很难琢磨,股票的基本面会发生重大变化,从而使投资者遭受重大损失([美]拉里·威廉斯)。经济周期的关键在于银行信贷,研究周期的关键在于研究货币周期。"戏剧性的信用扩张或者信用膨胀,经济将会出现崩溃。"(米塞斯)

历史大部分是通货膨胀的历史——哈耶克。

四、股市的季节性影响

"人性"使股市季节性变化在一定程度上与大自然保持着同步,春节前后、国庆前后,上涨概率较大,近期22个春节前后,18次上涨。

美国人杰佛里·A.赫希发现美股在一年当中呈现"冰火两重天",表现较好的11月至次年4月称为最优6个月;表现较差的5~10月,称为糟糕6个月。有趣的是,同样的规律在A股中也得到验证,"最优6个月"中,21年平均上涨11.87%。过去15年,标普表现最差是8月,同样,统计了A股21年,最差的也是8月,平均跌幅1.88%。

和库兹涅茨异曲同工,熊彼特也发现了"创新周期",熊彼特尤其强调企业家的作用,每一次经济从衰退走向复苏,都是企业家在其中发挥了重要的作用,其重要性超过其他任何要素。中文里面有时势造英雄,英文里面则强调英雄造时势。当一轮新科技的应用在追赶达到无孔不入的程度,也意味着上一轮创新周期的结束,比如移动互联网。

五、时间窗

A股技术派热衷于使用"时间窗"概念,指某一起点(涨跌均可)后的第多少天，行情可能发生变化，一般指斐波那契神奇数字 3、5、8、13、21 等。

案例分析：上证指数日线 2017 年 12 月至 2018 年 6 月，见图 12-2

图 12-2　上证指数日线，2017 年 12 月至 2018 年 6 月

（1）2018 年上半年的两波反弹，上涨幅度不一致，但时间周期都是 21 个交易日。

（2）以 2018 年 9 月 18 日，2644 为起涨点，第 3 天（9.20）、第 5 天（9.25）都出现了明显的节奏变化。

（3）2018 年 10 月 8 日为节后开市第一天，也是 2644 点以来的第 8 天时间窗口。变盘的可能性大，节后长假期间的外围市场走势及偏空消息综合，下周一回探的可能性较大。预估将再次考验 2770 点的支撑力度，更大的周期暂时没有发生变化，维持反弹行情没有结束的观点。

第十三章 级别

一、市场级别的划分

市场有周期，操作有级别。股市行情是分级别的（时间周期），大行情赚大钱，小行情赚小钱，没行情会亏钱。大级别决定大方向，大周期上涨，小周期下跌是加仓点；大周期下跌，小周期上涨是刀口舔血。主趋势上涨中的次级回调是比较靠谱的买入点，在趋势交易中称为"顺大逆小"。

月线级别，只在大牛市（5~7年出现1次）或大熊市中使用，对买卖没有帮助，对仓位和持仓有参考价值，牛市可满仓+杠杆。周线级别的行情频率大幅降低，今年以来只出现1次（平均每年1.7次），可满仓操作。日线级别的上涨或称波段行情，平均一年出现2~3次。月线级别的行情简称大牛市，其启动信号要特别注意长周期均线是否突破，比如日线的年线（MA250）和周线中的MA50。

周线级别的行情简称大波段，再小一点的行情可称为反弹。级别对应行情的持续时间，级别越大、周期越长，上涨的概率越大，安全性越高。日线交易者最大仓位半仓为宜。需要注意大行情是由小级别演化而来的，如何识别行情级别的拓展是趋势研判的要点。技术上可通过不同级别的均线形态来判断，也可以用波动理论来分析。

二、操作级别的选择

单一周期和多周期的差别，如同 2D 电影和 3D 电影，如果仅以故事情节来看，前者已经足够清楚。有了 3D，视觉效果以及场面震撼程度则大不相同。多周期配套比单一周期更清晰、更有立体感，是职业投资者的必然选择。

大部分投资者习惯以单一周期来看待市场，市场明明是 3D 的，却没戴 3D 眼镜观影，结果只能是模糊的。以核心级别日线为例，当出现方向不清时，看上一级别周线趋势一定清楚。如果嫌日线的波动不够精细，可以选择小时线，最低不要小于 30 分钟。

对于追求买点相对精确的交易者，小级别明显比日线有优势，成本低 1~2 个点很容易。成本有优势，在持股方面心态会更好，也可以说叫"构建心理优势"。长期重仓持有的投资者，哪怕是价值投资派，也可以利用小级别的买卖优势做短差降低成本。

价值投资派，买卖周期比较长，日线以下的级别可以忽略。均线也会看长一些，至少 MA60 以上，或者说价投们根本不看技术。趋势交易者选择日线比较合适。专业短炒者，持仓时间在 1 天至 1 周不等，30 分钟属于超短行情，该级别相对匹配。股指期货日内，选择 5 分钟级别比较合适，考虑几倍的杠杆率，和股票超短线节奏相似。

操作周期的选择主要考虑两个方面，一是资金性质，二是自身的性格特点。所谓资金性质，也可以说是资金来源，主要以是否会相对影响投资者的情绪来区分。心理压力小的就是小钱，心理压力大的就是大钱。越是"小钱"，越喜欢折腾，因为本金少，承载的梦想却不小。自有资金不怕套，借钱炒股则立马先输一局。大资金拥有者很多是从实业的眼光来看待标的，不会轻易进，也不会随便出。性格沉稳的人喜欢做投资，内心急躁的更偏好短线。

撇开个案不谈，股市里有个比较诡异的规律，越是动得频繁，越是不挣钱。越是拿得久，越是赚大钱。如同双手捧沙子，越使劲越想抓住沙子，从指缝里溜走的就更多。确定好核心操作级别，然后大方向参考上一级，细节观察下一级即可，其余的一概不理。

投资是一场修行，胆子越做越小，操作越来越慢，预期越来越低，结果越来越好。

三、交易周期的误区

（1）认识不清：交易周期混乱是股民经常犯的错误，主要原因是对市场的周期性理解不够深刻，对自身性格应该匹配的合理操作周期不清晰。既没有大局观，也没有洞察力。

（2）频繁操作：本质的原因是贪婪，大小级别的行情都想做。风格摇摆不定，一会儿价值，一会儿投机。趋势也想做，抄底也想要。没有确定好自己的能力边界，最终都是半生不熟，到处交学费。

（3）随意切换：被套就使用大周期，被动忍耐；小级别获利就随意卖出，对利润回吐充满恐惧。基础不牢，内心不定。涨跌都贪婪，盈亏皆恐惧。

（4）周期错配，不伦不类。选择日线级别，却偏偏要看5分钟的K线，就是自己吓自己。同样，使用周线作为买卖级别，基本可以不用盯盘，收盘前看一眼日线就可以了，完全没必要看更小的级别。

四、周期的调整

可以根据行情的级别来调整操作周期，但不宜频繁。大行情要配套大周期，让利润奔跑。小级别反弹或盘整行情，可适当缩小操作级别，例如30分钟的波段行情，搞得好利润也很可观。牛市来临，重仓捂股是赚钱最佳策略。"金融天才皆得益于股市行情上涨"（约翰·邓普顿）或者反过来说：离开牛市，我什么也不是。

　　比较理想的进场点是大级别的右侧，小级别的左侧。但是，大众绝不会在市场底部买进，他们只会在中途入场，并在市场到达顶峰的时候大量买进。事实上，左侧投资者也比右侧更赚钱，前提条件是要能忍受煎熬。

第十四章 指标之王——MACD

一、关于指标

把简单的事情复杂化体现了人们的智商，复杂的事情简单化则需要更高的情商。证券交易的进阶就是一个从薄到厚，再从厚到薄的过程，类似于武功中的"无招胜有招"。波动的本质就是价格变化及趋势，然后比较有参考意义的是成交量。均线是人为添加上去的色彩，是一个黑白素描到彩色肖像的过程。有位异士写过一篇文章，"高手止于均线"，暗合笔者的观点。

指标是以价格波动为"基础资产"，描绘其涨跌动能、速度变化的"衍生品"，有点像电视转播中的体育评论员。如果切掉解说，让你干巴巴地看球赛，没准也会觉得很无聊。看到MACD底部金叉的信号，是不是像一句"球进啦"的嘶吼来得振奋？市面上的指标很多，常见的有MACD、KDJ、RSI、BOLL、DMI等，每个指标的侧重点不一样，无法绝对意义地评论优劣。

任何指标都有优缺点，建议一条路走到黑，精通一种指标即可，切忌对各种指标"博采众长"，否则最后结局一定是"眼花缭乱""顾此失彼""手足无措"。具体选择哪一种指标，全凭个人偏好，喜欢就好。唯一的要求是精通，参数调节上符合个性及操作级别最好。所谓"民族的才是世界的"，强调的就是个性特质。

作为职业选手，至少应该精通一种指标，了解其意义、适用范围、优缺点，尤其对该指标何时失灵要保持清醒的认识。

MACD指标被誉为"指标之王"，MACD指标的顶底背离是公认的、最好用的"抄底逃顶"方法。前文讲述的 K 线、分型、形态、画线等都偏重于局部，证券交易时常面临"哲学之问""我是谁？""我们在哪儿？""我们要去何方？"直白一点就是，行情是涨是跌还是盘整？还要跌多久、涨多久、盘多久？此类问题涉及趋势判断、波动分析等方面，MACD 结合"波动分析"是解决问题的利器。

MACD 是趋势指标，盘整市慎用。如果能灵活切换到小级别，则效用更佳。

二、MACD 的基本信息

MACD 指标来源于股价的平滑移动平均线 EMA，减少了很多均线的假信号，是市场动能最直接的反映。MACD 基本信息包括柱（红绿柱）、线（黄白线）、轴（零轴）三个方面。

MACD 相对均线来讲，在动能的变化方面描绘得更直观，具备一定的量化条件。

1. 黄白线

两个离差值，一个是 DIFF（在黑底屏中显示白线），是快慢均线的差值，可以理解为股价上涨或下跌的速度。

DIFF 即 12 天和 26 天的 EMA（均线）的差值（白线），DEA 则是 DIFF 的 9 日平均线（黄线），参数可调，一般建议使用系统默认值。

用黄白线理解趋势的发展和转折，是比较靠谱的选择。

白线向上偏离黄线越多，说明上涨的动力越强；反之，则显示下跌动力越强。

2. 柱线（红绿柱）

MACD 柱线是 DIF 线与其均线 DEA 线的 2 倍差值，加大了动能敏感性的表述，可以理解为股价上涨或下跌的加速度。

趋势的逆转先从减速开始，柱线的变化往往是行情转折的预警信号。

红柱线的最高点，往往对应着股价的短线高点；绿柱线的最低点，往往对应着股价的短线低点，这个原则在短线交易和股指期货中的价值比较明显。

红绿柱的堆积是多空的直观反应，区域的高低点，可以用作短线买卖（开仓）的参考。

3．零轴

DIFF 线和 DEA 线的差值为 0 的点的连线，即为零轴。

零轴本质上是多空分界线，黄白线在上方，多头走势，黄白线在 0 轴下方，空头走势。注意本级别只对应本周期，不可以得出跨周期的结论。

当 DIFF 线和 DEA 线都大于零（即在零轴上方）且向上移动时，表明市场上涨动能强劲，股价正处于多头行情中。

案例分析：新安股份日线，2018 年 3~9 月，见图 14-1

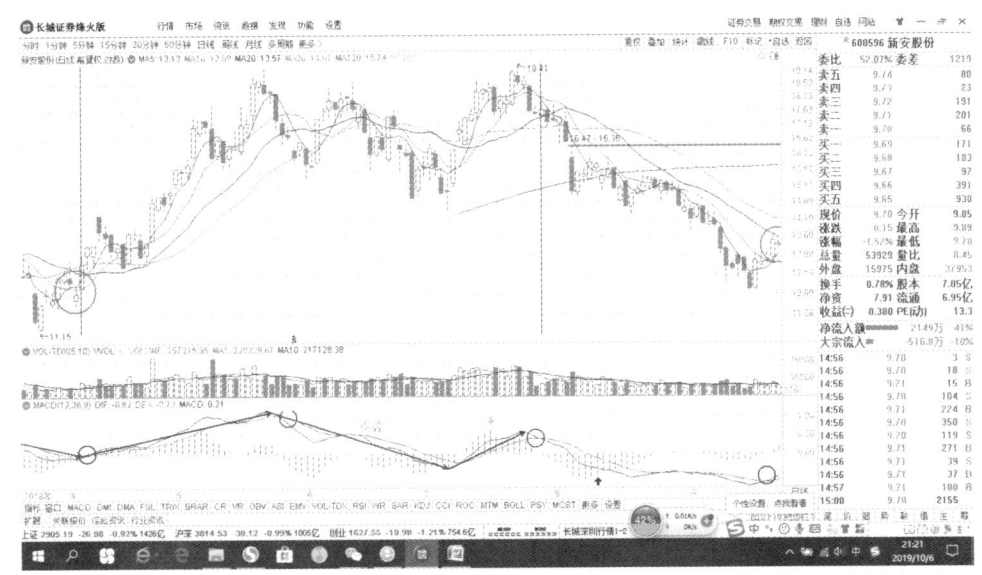

图 14-1　新安股份日线，2018 年 3~9 月

三、MACD 形态的基本含义

MACD 除了以上"三线"，其 DIFF 线与 DEA 线的位置、方向、交叉等形态信息也包含了丰富的多空信息。

1. 位置

以 0 轴为界，上方整体为多，下方整体为空。趋势交易者，跌破 0 轴应该是最后的出场点。

从 MACD 的计算原理可以看出，该辅助指标相对滞后于股价变动本身，新安股份 MACD 线（白底为蓝、紫）下穿 0 轴时，其股价已经跌破 120 日均线。其优点是，如果股价一直是下跌走势或弱势震荡，则 0 轴之下的信号会一直提示空仓。

2. 方向

黄白线运行方向向下，则表明上涨动能持续下降中；反之，方向向上，则说明上涨动力的持续增加（图 14-1，黑色箭头线向下，红色箭头线向上）。

无论方向向上或向下，MACD 线是否穿越 0 轴是重要的多空分水岭。

回踩 0 轴不破，一般是指上涨途中的次级回踩。上涨趋势的次级回踩尽头始终是理想的加仓点，缠论所谓的"一买就涨"应该指的就是这里。

2018 年 4 月 4 日，大阳线突破（6.09%），日线"底分型"+"一阳穿三线"+"放量"+"长均线支撑"（上行的 60 日均线支撑），这些信号已经足够说明多头信号强烈，MACD 回踩 0 轴不破是辅助信号。后面连续两周的回调都属于上涨中的蓄势，因为 20 日均线始终向上，K 线在线上运行，MACD 在 0 轴上方运行也确认了多头走势未变。

3. 交叉

MACD 金叉、死叉是老股民挂在嘴上的口头禅，本质上和均线的交叉一样。高位短指标线下穿长周期线称为"死叉"，低位短周期线上穿长周期线称为"金叉"，都是不同时间段动能变化的量化（指标）反映。

MACD 死叉，一般有两层含义，一是黄白线在 0 轴上方，二是发生在相对高位。这两点都说明了行情已经有了波段上涨，股价有调整的内在需求。由于 MACD 的滞后性，死叉出现后，调整多半已经开始。此时做卖出或减仓动作是比较合理的选择，底部金叉则反之。

判断行情是从小到大、从单一信号到多信号、从预警到确认的过程，对任何单一信号可以重视，但不可执着。

金叉根据发生位置的不同，又可分为底部金叉、0 轴金叉、高位金叉，高位金叉又称"空中加油"。位置不同，可以用来区分上涨性质。低位金叉，说明是在某级别转折点的上涨开始，是否过 0 轴则用来区分是次级反抽还是有可能级别拓展（此处用到周期转换概念）。

低位金叉要先以超跌反弹看待，0 轴金叉则多头意义更进一步。类似上涨中的次级回踩，属于趋势转折后的确认，含义类似于缠论中的第二类买点。高位金叉（空中加油）的强度比 0 轴金叉高，说明股价拒绝深调。短期回调之后很快转为继续上涨，是上涨趋势强烈的表现。

对应的，高位死叉是第一卖点，0 轴附近的死叉是第二卖点，低位死叉是第三卖点。

案例分析：新安股份日线，2018 年 1~8 月，见图 14-2

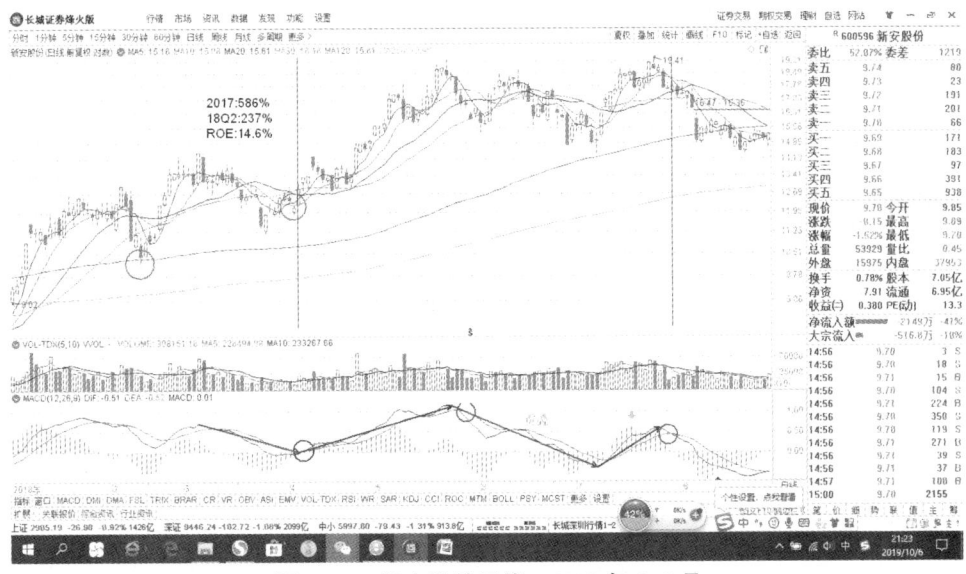

图 14-2 新安股份日线，2018 年 1~8 月

对标的趋势的理解和洞察，价格走势是根本，尤其是有了多周期的 3D 眼镜之后。大势看得越清，MACD 配合得也就越好。指标只是辅助与确认，切不可本末倒置，如果你试图用 MACD 来判断行情，难免会晕。

4. 张口的角度

如同均线交叉之后的角度，DIFF 线和 DEA 交叉之后，其角度的不同意义也不同。发散（张口）意味着短期趋势强烈；反之，收敛则说明趋势力度一般。涉及涨速和力度的概念，张口越大则涨速越快。再配合成交量的因素，成交量越大则市场惯性越大,上涨的时间越长。

案例分析:兴发集团日线,2018 年 1~9 月

图 14-3　兴发集团日线,2018 年 1~9 月

(1)左边第 1 波:MACD 低位金叉,黄白线 0 轴受阻,性质为下跌中的反抽。

(2)中间第 2 波:起点处出现背离(柱线、黄白线),显示阶段性转折的可能性较大。随后黄白线上穿 0 轴,确认了趋势转折。波段的终点,先是红柱不再变长,按照"第 3 天确认"原则,则短线最晚 5.24 应该出场,刚破了 5 日线。等到死叉的出现,已经是 5.29,20 日均线破位,中线头寸应该出场。

(3)右边第 3 波:黄白线上穿 0 轴,又是一个波段行情。行情结束的地方,后面伴随着顶背离、死叉等空头信号。

(4)最右边正在发生的底部金叉,9.30 的大阳让黄白线开口加大,且逼近 0 轴。需要做行情级别放大的预案,如果 10 月 8 日指标继续改善,可介入做多。

四、MACD 指标背离

指标背离是预断趋势转折的重要应用，所谓背离就是指标和价格走势的不一致，部分书籍称为背驰（背道而驰）。背离实际上是两段完整趋势的动能比较，如果没有趋势存在，就谈不上背离的存在。记住：无趋势，无背离。

同方向背离次数越多，趋势转折的可能性越大。股谚云"三不背离，五背离"，对标的波浪理论。上涨 5 浪走完，高位出现顶背离信号，趋势转折的可能性大增。上升浪没走完出现的背离，很可能是次级回调。

1. 柱线背离

（1）柱线长度背离。价格新高，柱线（红色）缩短，就是柱线背离。柱线的敏感性高于黄白线，如果该信号出现，往往表明趋势转折将很快到来。

（2）柱线面积背离。价格新高，柱线面积缩小，就是面积背离。

2. 黄白线高低趋势背离

黄白线的高点连线，所提示的方向如果与 K 线趋势不一致，则形成背离。（图 14-4 MACD 黑色箭头线和上方 K 线的蓝色趋势线）

案例分析：创业板日线，2018 年 1~6 月

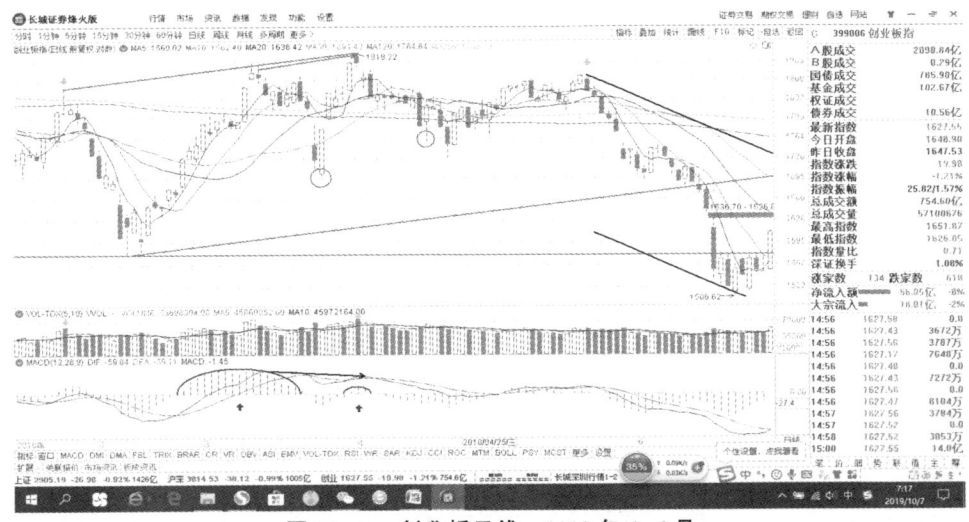

图 14-4 创业板日线，2018 年 1~6 月

在背离的使用中，最常出现的困扰是背离之后可能还有背离。长期下跌，底背离信号的可靠性降低。

案例分析：宁波银行日线，2018年1~8月

图14-5　宁波银行日线，2018年1~8月

图14-5的指标背离，都形成了小级别反弹，但并没有形成趋势逆转。低点之后还有低点，背离之后还有背离。对于这样的情况，需要进行信号过滤。

对于背离信号的判断，通常用两种方法过滤，一种是级别过滤，即放大一个K线周期看看，另一种是波动分析（波浪理论）。

共振、过滤、周期转换都是证券分析极为重要的概念，K线形态、成交量的辅助判断，对背离的有效性帮助较大，例如高位的放量阴线或十字星，出现顶背离信号则可靠性很大。

五、MACD在趋势判断中的应用

上证指数2018

（1）2018年1月底，出现高位死叉，随后快速下跌，并顺利下破0轴，

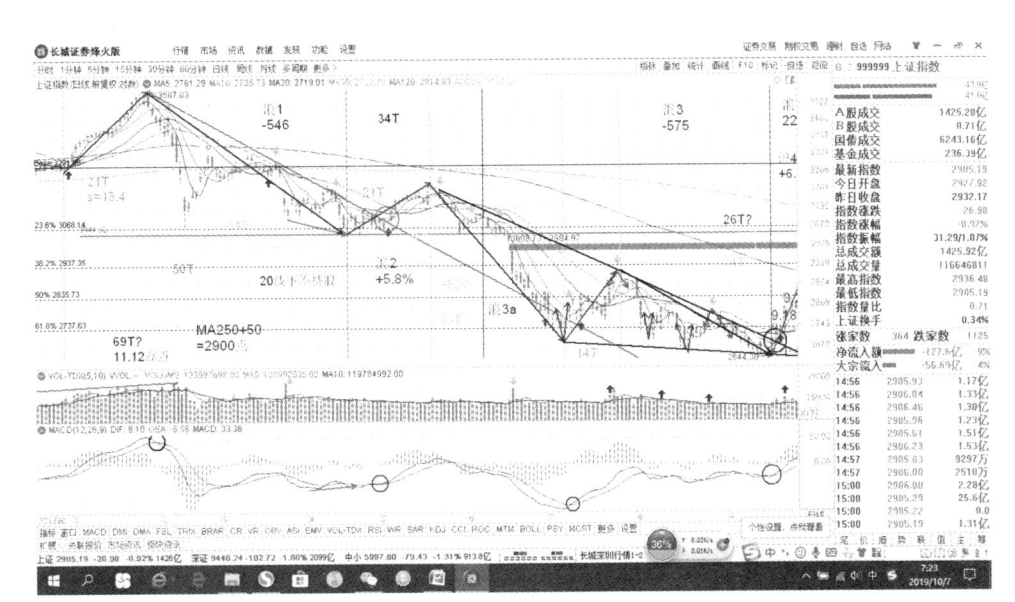

说明这里不是上涨中的次级调整，应该是某级别下跌的开始，见图14-6。

图14-6 上证指数日线，2018年1~9月

（2）2018年3月下旬，低位死叉，次级反抽之后的再度下跌。

（3）4月底，低位金叉，备注：同样的金叉、死叉，角度越大，力度越猛，原理和均线的交叉类似。此前也出现过金叉的迹象，但持续时间短，张口角度小，随后演变成黏合（缠绕）。

（4）小结1：对于趋势派来讲，今年的MACD大部分时间都运行在0轴之下，可以选择空仓不做。对于波段派来说，5月、7月、9月分别有3次底部金叉的机会，可以尝试下场博弈。

（5）小结2：5月、7月的反弹时间和幅度都不一致，前者21T，后者14T，可以定义为级别不同。9月和5月DIFF线都有上穿0轴的动作，说明本轮反弹至少可以和5月相比，目前反弹时间只运行了7T（2018年10月7日），后市短中线不宜悲观。

（6）小结3：注意周期、级别的变化，不同于前两次的金叉，9月是周线级别的，而同样的周线低位金叉，上一次发生在两年半以前。要重视周期转换、级别放大的可能性，级别越大，信号越可靠。

案例分析：上证指数周线，2015年11月至2018年9月，见图14-7

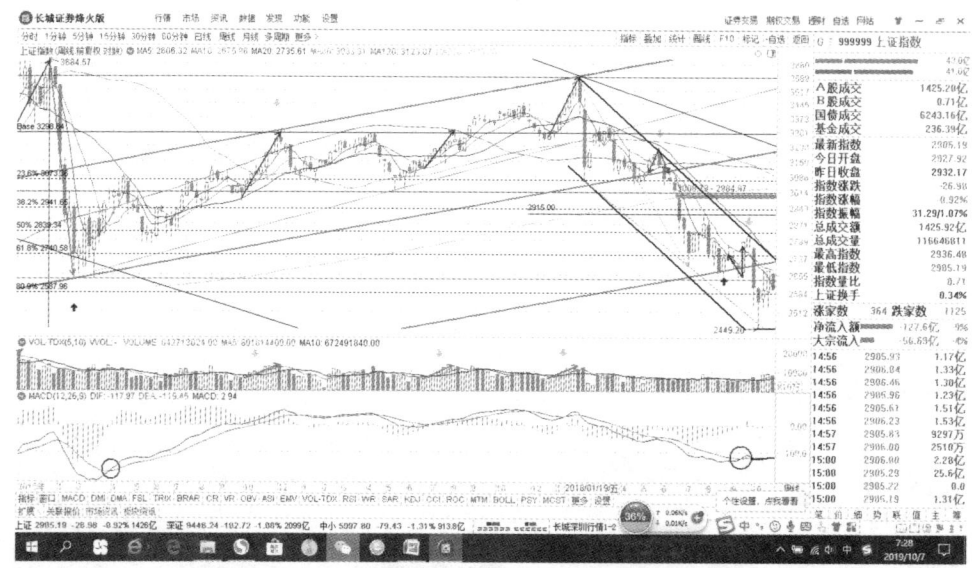

图14-7　上证指数周线，2015年11月至2018年9月

六、MACD的缺陷

1. MACD指标的滞后性

对于追求买卖精准的交易者来讲，MACD有一定的滞后性，这是由它的算法决定的。其性质更接近"描绘性"，而不具有"预测性"。

2. 有或然性没有必然性

当指标出现金叉、死叉等涨跌信号的时候，后面的行情发展大概率会遵循信号的方向涨跌。但这些转折并不是必然发生的，个股出现假信号也很正常。不过，能获得概率上的优势，对交易者已经很有价值了。

3. 辅助性

所有的指标都是辅助决策用的，不可以替代走势本身，这一点不能弄拧巴了。如果能从K线、分型、形态、周期、波动、指标等获得有用的信息，则无异于把握了股市"全息图"。

第十五章　波动理论（上）

导　言

现代证券市场前后不过 200 多年的历史，中国股市还没到"而立之年"。股票市场的基本职能是直接融资，小概率的暴富机会成为吸引人的源源动力。进入股市的大部分投资者都不是以分享上市公司成长利益为目的的，投机，在波动中赚钱成为股民的心头好。

一、道氏理论

查尔斯·道是道琼斯公司的缔造者，也是《华尔街日报》的创办人之一。其朋友尼尔森将查尔斯·道对股票市场的研究理念定义为道氏理论，此后经过汉密尔顿和罗伯特·雷亚的简化提炼，并热衷推广，道氏理论也被誉为"股市技术分析的鼻祖"。

道氏理论带有高度的主观主义色彩和一定程度的缺陷性，不要把道氏理论当作战胜股市的万能钥匙。事实上，股市根本不存在万能钥匙，任何你知道的股市理论都不是。"价格反映一切"，是技术派至理名言，源于道氏。对了，前面还有一句："树不可能涨到天上去。"

道氏理论将股市运动定义为三种：主要运动。代表股市整体的基本方向

（N月~N年）；次级运动。主运动反向的运动，时间：3周~N月，回调幅度：主运动的1/3~2/3；日间波动。用现代眼光看，无非是长、中、短三种级别走势的立体观察，但是在一百年前能有这样的洞察力，无疑是开创性的。次级运动是市场最有价值的服务功能，提供了上下车的机会，无论是上涨中的回踩，还是下跌中的反抽。

道氏认为，日内和次级运动可能在一定程度上被人为操纵，但无法撼动市场的主要趋势，这也是技术派倾向于用大周期（周线或以上）K线运动来判断方向的原因。次级运动回调的幅度，通常介于1/3~2/3，平均50%。这些在随后的技术分析中，发展为"黄金分割"，目前还在广泛使用，大致可以理解为0.382是强势回调，0.5回吐是正常回调，0.618是弱势（深度）回调。

牛市三段论：长期整体向上的主要运动（月线级别的上涨），第一阶段：对未来信心的恢复；第二阶段：基本面改善；第三阶段：乐观情绪导致的风险偏好上升。注意，这里的第一阶段首先是信心的恢复，第二阶段是业绩的改善，第三阶段是估值的提升，此所谓"戴维斯双击"。量价关系：牛市通常在过度活跃的交易量之中走到它的终点，喷顶常常伴随着持续放量，直到难以为继。交易量代表着市场力量的源泉，交易量越大，对价格运动产生的影响力就越大。牛顶：宽幅震荡+放量；熊底：窄幅盘整+缩量。

熊市三段论：长期整体向下的主要运动（月线级别的下跌）。第一阶段：高位追涨被套牢（冲动买入），先知先觉的主力资金离场；第二阶段：基本面恶化导致的抛售，第二阶段是市场达成共识；第三阶段：情绪失控（恐慌性抛售），矫枉过正，赶底的走势。对比牛熊市，经济基本面是决定牛熊的关键性因素。头尾则更多地受投资者情绪影响，牛顶源于贪婪，熊底源于恐惧。熊市里做空的最佳时机，是在强劲反弹之中交易量渐趋衰竭之时（汉密尔顿）。这也是趋势交易中，"顺大逆向"原则的最早出处。

整体评价，道氏理论无疑是有价值的，它的伟大在于开创性，如同"中世纪黑暗的灯光"。要知道一百年前根本没有什么K线图之类的，报价机也是后来才出现的。道氏理论的宏观正确性，可以给投资者以方向性的指引，但寄希望于该理论为自己创造可观的利润是不现实的。投机既非胡猜也非赌博，它是一件艰苦卓绝的事，需要做大量的功课，独立判断和深入研究是投机成功的重要基础。任何一位投机者，若想总是身在市场而不愿稍息，他注定要亏钱。要想获得"印钞机",绝对不靠"永动机",否则就是"绞肉机"。

道氏理论强调,道琼斯工业指数和铁路指数必须相互确认,只凭一个指数来判断趋势是不靠谱的。根据笔者的实证研究,A股中的大小指数确认也客观存在,即任何一个大级别的顶底,大小指数都是同步的,否则行情都走不远。2018年9月底前后,上证试图摆脱两个小弟独自上涨,最后还是被拖下水了。

罗伯特·雷亚相信,道氏理论是迄今为止预测股票市场运动唯一科学的方法,对此笔者不敢苟同。判断股市可以"模糊正确",但股市不可能被预测。人类的心理活动是影响市场波动的主要因素,所谓"人心叵测",这里根本不是"讲科学"的地方,尽管有似是而非的"科学性"存在。

雷亚在1921年买入股票,在1929年获利了结并保持空仓。历史上,1921~1929年是长达8年的大牛市(1929年大股灾前)。雷亚个人在股市中获得了史诗级的胜利,其传递出三个重要信息:①身处大牛市;②满仓不折腾(假设);③大级别的出场条件,这其实是任何一轮牛市的操作宝典。

道氏理论最大的贡献在于,给了我们看待市场的"立体眼光"。主要运动没有改变不应该轻易离场,这也是趋势交易的精髓。在牛市中,如果坚定执行,则可以改变财富人生。2015年牛市持股标准很简单,按60日均线持有,从2014年7月到2015年6月,指数翻两倍,个股翻两倍就赚够了。记住:"牛市捂股,熊市捂钱。"

案例分析：上证指数周线，2015年11月至2018年10月

图15-1　上证指数周线，2015年11月至2018年10月

（1）见右侧：黑色下降的趋势线，主要运动（周线）是下跌趋势无疑。

（2）次级趋势：节前上涨7个交易日，在日线上形成了小波段上涨趋势，但在周线级别，只有2根K线，充其量是周期级别的盘整。

（3）日线大跌（10.8）：周期越短，越具有偶然性，受外部消息影响越大。

二、波浪理论

1. 波浪理论的起源

道氏理论形成于20世纪20年代，描绘了股市运动的基本规律。用横线区分底部的变化，用斜线（趋势线）划分节奏的变化，俗称"两把尺子走天下"。数学上，线性描述比较简单、直观，在交易中的指令比较明确，更容易执行，故趋势跟踪派多推崇道氏理论。市场波动，大量存在着曲线运行，线性描绘的契合度不够。波浪理论源于道氏，《艾略特波浪理论》诞生于1978年，试图在波动分析上更贴近股市。

2. 波浪理论的发展

波浪理论发展了道氏的主要运动和次级运动，艾略特认为，一个完整的波浪周期由5个推动浪和3个调整浪组成，浪中有浪，长、中、短，趋势、次级趋势、再次级趋势。主要运动有其内在推动力量，上升5浪中的1、3、5浪是上涨，符合古代"一而再，再而衰""事不过三"的哲学思想。次级运动的3浪调整，属于反向能量的惯性释放，一般走A、B、C，B浪属于次级运动的再次级，即下跌中的反弹。

艾略特波浪理论认为，交易量旺盛的证券的价格呈现波浪式运动，接近心理学理论。这一点是该理论的特别之处，现代诺贝尔经济学多次颁给了经济学与心理学的跨界应用。未来前沿的证券投资理论，心理学知识将会越来越多地得到应用。

3. 波浪理论的最重要原则

（1）交替原则：每次运动都有一次相反的运动伴随，一次推动总伴随着一次调整运动。

（2）八浪循环：一般，一个完整的循环由5个上升浪和3个调整浪组成。

（3）上涨下跌：当主要趋势为上升时，波浪1、3、5就是推动浪，2、4就是调整浪；当主要趋势为下跌时，波浪1、3就变成推动浪，2就成为一个调整浪。

（4）主要趋势：当主要趋势完成了5个波浪，就会逆转，紧接着是3个波浪的相反运动。

（5）浪中浪：当上述八浪完成时，就形成了第一个周期，这个完整的周期将在下一个更大的时间跨度里代表波浪1和波浪2的运动（周期转换、级别拓展的概念）。

4. 波浪理论的缺点

（1）波浪理论太多假设，从假设里发现真正的规律当然是困难的。

（2）波浪理论对成交量和时间周期重视不够，技术分析4要素"价量时空"，仅偏重价格和空间。

（3）市场大多数时间是不规则的，并没有规律的五波波动。道氏理论、波浪理论在大级别行情中相对比较清晰，周期越小的波动越呈现出"无序、混沌"的状态，在使用时建议忽略较小的波动。

5. 波浪理论的形态规则

（1）一个周期只有完成了一个"5-3模式"后，才能称为完整（走势必完美——缠论）。

（2）波浪是根据图表（股价）上的距离衡量的，而不是时间（波浪理论的两大缺憾之一）。

（3）对波长的要求，波浪3通常是5个波浪中最长的波浪，而且从不会是最短的。

（4）5个波浪中3个推动浪中，有两个趋向于相同，通常是波浪1和波浪5，但不总是这样（浪1和浪5幅度接近）。

（5）浪2和浪4幅度接近（笔者重命名：浪1为启动浪；浪3为主升浪；浪5为冲顶浪）。

（6）在明显的上升或下降趋势中，波浪4的底部不应该低于波浪2的底部，否则你的波浪计算错误，就不是趋势而成为大型震荡市了。

（7）在许多未延展的浪中，通常浪4的幅度接近浪1，浪5接近于浪2。

（8）在调整波浪中，A-B-C调整模式中，浪A和浪C大多幅度相等。

（9）A-B-C模式中，波浪B不应低于浪A的底部，否则就不是调整了，而是震荡。

（10）波浪4经常是一种合成波，在图表上表现为三角形或楔形。

（11）浪形之间的比例关系：大量存在斐波那契数列：0.382、0.618、1.618、2.618等，但不符合的案例更多。

案例分析：上证指数日线，2017年12月至2018年10月，下跌趋势的波浪划分，见图15-2。

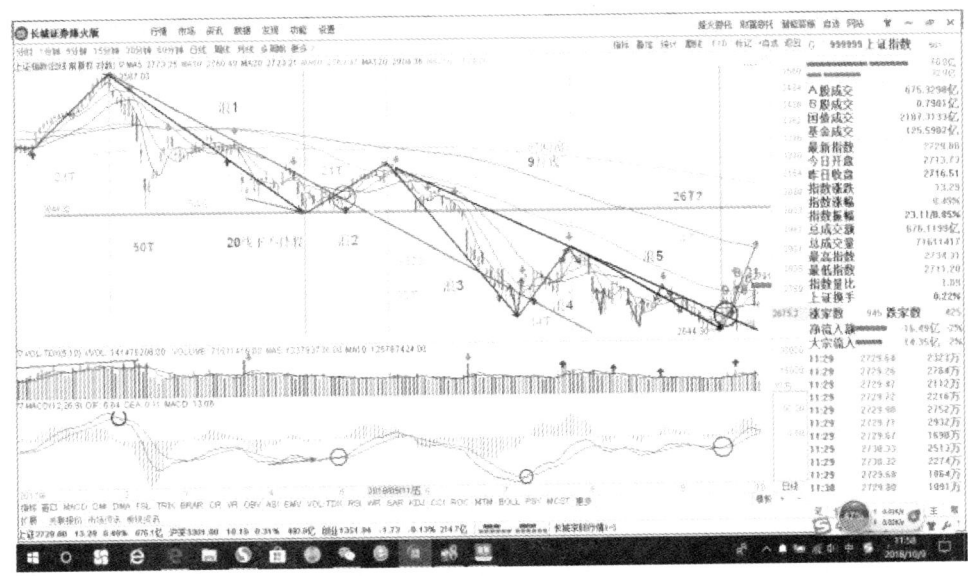

图15-2　上证指数日线，2017年12月至2018年10月

（1）波浪起点：波浪（波动）分析的第一步是找到准确的起点，大级别的趋势转折点是波浪起点的首选。此处选择3587点为下跌波段的起点，应该没什么异议。

（2）浪1下跌：2018年1月29日（3587点）~2018年4月18日（3041点），幅度：546点，时间：50T。大浪1下跌的内部，可以细分为5浪下跌。

（3）浪2反弹：2018年4月18日（3041点）~2018年5月21日（3219点），幅度：178点，时间：21T（斐波那契神奇数字）。浪2为次级运动，细分节奏走A、B、C。

（4）浪3下跌：2018年5月21日（3219点）~2018年7月6日（2747点），幅度：472点，时间：33T。

（5）浪4反弹：2018年7月6日（2747点）~2018年7月26日（2915点），幅度：168点，时间：14T（斐波那契神奇数字）。浪4为次级运动，细分节奏同样走A、B、C。

（6）浪5下跌：2018年7月26日（2915点）~2018年9月18日（2644

点），幅度：271点，时间：34T（斐波那契神奇数字）。大浪内部细分，也是5浪的节奏。

6. 浪形小结

（1）1、3主跌浪幅度接近等长。

（2）2、4反弹浪接近等长。

（3）第5浪下跌时间和第3浪下跌时间基本一致，但空间明显缩短，这里要做完整5浪下跌结束的预案。

（4）时间窗频频"显灵"：14T、21T、34T（斐波那契神奇数字）。

（5）5浪、3浪交替出现。

（6）背离：本着"3不背离，5背离"的原则，3浪的背离忽略，5浪的背离需要重视。

7. 大级别反弹的预案

2644点起步的反弹，有可能是针对3587点大下跌浪的反弹。这是之前的预案，但实际走势很好，下降楔形向上突破变成了假突破，然后迎来更猛烈的下跌，并创新低。

8. 波浪理论的难点

关于调整。任何市场一般都有60%~75%的时间在做调整，有明显趋势的时间是少数，艾略特波浪理论最难理解的一点就是识别股市中的各种调整运动。调整类型有锯齿形、平台形、扩张形、三角形、楔形等。机构和职业投资者长期浸泡在市场中，两大理论都在大级别趋势研判方面有一定的参考作用，但对具体的交易和盈利贡献方面却并不明显。

数浪很重要，但不如总体趋势重要。

三、混沌理论

混沌理论是近30年来才兴起的科学革命，它与相对论、量子力学同被列为20世纪最伟大发现和科学传世之作。混沌理论是系统从有序突然变为无序状态的一种演化理论，是对确定性系统中出现的内在"随机过程"形成的途径、机制的研讨。不管是线性的道氏理论还是改良了的波浪理论，都无法准确描绘证券市场。因为本质上，股市具有一定的随机性。

混沌理论在交易世界相对小众，其江湖地位和"道氏、波浪、江恩"不可同日而语。比尔·威廉斯是一名交易超过45年的职业操盘手，于1995年出版《证券混沌操作法》。混沌理论上并不算完全原创，本质上脱胎于波浪理论。其对波浪理论的发展，是证券理论的一种进步。如果说波浪理论在道氏理论的基础上考虑了"情绪"的变量，混沌理论则考虑更多"主观"因素。"市场是混沌的产物，是在交易者不稳定的心理烈焰上煨着的热汤"，这是"混沌"的由来。波浪理论是对市场根本结构的解析，分形是对艾略特波浪理论的解析。

混沌交易法是一种交易思维理论，是理念和心态的交易，更接近交易哲学。交易是一种内心工作，所有交易者似乎都有两种特质：把事情搞得过分复杂，看不到那些最明显的东西。无论什么时候，只要交易过程让你感受到痛苦，那就说明你违背了市场的真理。愿意承担风险的投机商人通常是最成功、最有冲劲的交易者，俗话说：输不起，你就赢不起。市场是三维的：时间+价格+个人心理，学会接受这种不确定性，一旦认识到我们不可能掌控市场之后，交易就变成一种内在的修炼。

不规律性，即混沌，市场就是你认为的东西，没有真实，只有感知。和《随机漫步》有相通之处。稳定与混沌也被表述为线性与非线性行为，分形几何学是研究混沌理论的一项工具，任何由人类互动所产生的系统（例如金融市场），都应该具有分形结构，价格和时间就是我们用来界定分形结构的最好途径，最简单的迭代模型即是斐波那契数列（时间窗具备一定的数学和物理学道理）。从物理学角度观察，宇宙内任何物体都是某种能量，能量永远会循着阻力最小的途径发展。

价格是市场中最后发生变化的要素，在价格发生变化之前，动量会先出现变化；在动量发生变化之前。当前动量的速度先出现变化；在动量的速度发生变化之前，成交量会先出现变化；在成交量发生变化之前，所有交易者和投资者对市场的认知和采取的行动（都是混沌的）会先出现变化。

市场在本质上会摧毁任何成功的机械性系统，交易获利的关键之一就是理解新传入的信息如何推动市场运行。想在金融交易市场获利，表面看起来似乎障碍重重，实际上只有一种障碍：心灵。长期投资策略已经变得不可靠、不安全（趋势交易派和价值投资派不是一路人），如果交易者愿意进行逆势交易，其盈利往往能扩大一倍（趋势交易的买卖精髓）。

市场铁律1：不要轻信市场专家。

市场铁律2：没有所谓的一致看涨或看跌，市场中的多空双方的占比永远是50%∶50%。

市场铁律3：不存在超买或超卖。

市场铁律4：大部分资金管理原则是无效的。

市场铁律5：常见的操作策略通常无效。

金融交易也许是你能想象的最佳生活方式，前提是，你要能熬到胜利的那一天。重大的发展得以成形之前，都会遇到困难。一个人有重大作为之前，经常会遭遇磨难（与所有同道共勉）。

第十六章 波动理论（下）

一、江恩理论

威廉·江恩是美国20世纪最著名的投机家之一，精通数学、几何学、宗教、天文学，自创了一套独特的分析方法和测市理论，包括江恩时间法则、江恩价格法则和江恩线等。据说江恩曾创下惊人的投资业绩，因年代久远而无从查考。江恩理论晦涩难懂、高深莫测，代表著作有《华尔街四十五年》等。

根据笔者多年的研修经历，江恩理论确有其过人之处，预测价格转折的时间和空间有时精准到神奇的地步。江恩理论融合了一些星象学、玄学的内容，显得更加神秘，有点类似我国的易经八卦，信者奉若神明。和《道氏理论》《波浪理论》等早期波动理论一样，"古典三论"都有其独特的价值，尤以"江恩轮中轮"的转折点提示特别令人惊叹，但毕竟受时代、科技的局限。对今天的投资者而言，局部具有参考价值，很难形成交易系统，仅仅依靠江恩理论独步A股江湖的人，笔者从没见过。

江恩理论堪称"技术分析的理想"，价、量、时、空是技术分析的精髓。江恩的理论革命性就在于其依赖于数学上的自然法则、时间周期以及"过去市场活动可以预测将来变化"，"自相似"和"形态遗传"也是技术爱好者的重点工作之一。江恩理论三个基本点是形态、价格和时间。"形态"为股票线图上可识别的周期性的价格形态，这些形态是可以被反复识别的，并且由于不同的形态倾向于重复，进而可以用来预测价格运动。

相对道氏理论，江恩更重视成交量，认为成交量是交易成功的一个关键因素，没有大的成交量，股票就不能完成派发或者吸筹。在"三大古典投资理论"中，江恩对时间情有独钟，也是其独特的贡献之一，例如，重要的价格变化通常发生在周一交易的第一个小时（如10月8日，第一个小时，下跌2.58%）。"何时，发生何事"，类似"占卜者"的言论和结果验证，常常让"江迷"们欲罢不能。

　　除了斐波那契数列，江恩还喜欢用圆周率来测算时间周期，如90天、180天、270天（1/4圆周、1/2圆周、3/4圆周）。其实，做股票成功的关键要学会"待机"，交易商应该有耐心，在行动之前等待真正的理由出现。交易商如果尝试捕捉每个微小的摆动，就会错过主要的波动。要习惯用一些过滤条件让自己降低交易频率，例如形态、成交量、周期、方向、基本面等都可以设置符合自己要求的过滤条件。交易越频繁，一个人的基本判断变化得就越频繁，结果就是交易商错误概率也越高。"如果人们学会观察和等待，他们可能会赚更多的钱，但是他们过于匆忙想着发财，结果是他们的破产。他们买进或者卖出，只是希望而没有理由"。

　　交易者识别建仓和派发的能力也很重要，任何一只或一类股票，在开始大幅度上升或下跌之前，都需要一段很长的准备时间建仓或者派发。当股价处于缓慢下降阶段时，缓慢的小幅度波动伴随着很小的成交量，表明该股票正在建仓。只要成交量出现了显著的飙升，就发生了趋势反转。趋势的运行需要时间，一旦获利的时候出市，就不要再急于入市。宽幅波动在高价位比低价位波动更为频繁，主要是因为派发正在进行。主力往往虚张声势，尽可能吸引公众的注意力，进而形成强大的大众购买力量。

二、缠论

　　国内投资界有两位天人（因泄露天机而过早被老天收走的天才），一位是"天王"（周期天王）——周金涛，另外一位是"天师"（交易天师）——李彪（缠论创始人），业内一般称其为"缠师"。缠论是后人起的名字，原文载于新浪博客，（"缠中说禅的博客"），"教你炒股票"共108课，笔者号称"全球第一博客",其最后一篇博客永远定格在 2008 年 10 月 10 日。

"2008 年是 1997 年与 2019 年的一半位置,其前后是一个值得关注的时间之窗。但其后半句无须修改,多头陷阱的上升以及其后的下跌也不过是更大级别下跌的前奏,这个毁灭性的下跌将在 2019 年前后达到最高潮。"以上这段话,缠师写于 2006 年 12 月 11 日,十多年后再读,是不是觉得很牛?

不同于国外的投资理论,缠论糅合了大量中国传统文化精髓,如易经、论语等,缠师本人精通数学、诗歌、政经等,被誉为"天人"实不为过。缠论有点像故意掺杂了陷阱的武功秘籍,欧阳锋倒练蛤蟆功。博客前面部分有一定的"内功心法"功效,后面则故意搞得比较复杂。以缠师之才华,想把问题说清楚应该是做得到的,或许是因为他身处病榻,还没来得及系统性整理,其江湖地位有点类似江恩理论。缠论中的顶底分型,和上一章简要介绍的"混沌",理论上同源。

关于选股,放量突破年线然后缩量回调年线的股票,这都是以后的黑马。特别那些年线走平后向上出现拐点的股票,一定要看好了。一般大盘股启动的骗线比较少,小盘股可不一定。散户一定要等趋势明确才介入或退出,这样会少走很多弯路。牛市中,一只股票涨起来千万别随意抛了,中线如果连三十天线都没跌破,证明走势很强,就要拿着。缓慢推升的,一旦出现加速上涨,就要时刻注意出货的机会。对基本面,只要知道别人心目中的基本面以及相应的影响就可以了,自己千万别信。股市没有庄家,有的只是赢家和输家。

技术分析,最核心的思想就是分类。任何技术指标,只是把市场进行完全分类后指出在这个技术指标的视角下,什么是能搞的,什么是不能搞的。对于水平高点的人来说,一个带均线和成交量的 K 线图,比任何技术指标都有意义。任何投资操作,都演化成这样一个简单的数学问题:N 种完全分类的风险情况,对应三种(买、卖、持有)操作的选择。任何操作,没有百分百准确的,一旦出现特殊情况,一定要先退出来,这是在投资生涯中能长期存活的最重要一点。2001 年 6 月后,缠师称就从未看过股票,直到 2005 年 6 月。

投资是一个长期的事业,别抱着赌博的心态企图一次成功。买入程序的成功率和市场的强度有关,(牛市的容错率最高)。在周线图上,按均线系统构成的买点并不常见,一旦出现必须珍惜(大级别骗线少)。如何判断背驰走势结束,最简单的就是当绿柱子缩短,而股价继续创新低(MACD)。大级别买点介入的,在次级别第一类卖点出现时,可以先减仓,其后在次级别第一类买点出现时回补(做短差降低成本)。如何在不同位次之间的灵活运动,是实际操作中最困难的部分,也是技术分析最核心的问题之一(周期联立)。任何坐过庄的人都知道,技术图形是用来骗人的,越经典的图形越能骗人。

"缠中说禅"部分技术解析:走势。打开走势图看到的就是走势。走势分不同级别。任何级别的所有走势均可分为两类,即盘整和趋势。趋势又分为上涨和下跌。这是一切有关技术分析理论的唯一坚实基础。盘整。在任何级别的任何走势中,某完成的走势类型只包含一个走势中枢,就称为该级别的盘整。趋势。在任何级别的任何走势中,某完成的走势类型至少包含两个以上依次同向的走势中枢,就称为该级别的趋势。该方向向上就称为上涨,向下就称为下跌(把图形时间拉长,眯着眼睛都能看出趋势的方向)。

缠论中的三类买卖点也比较实用,按照缠师的说法,掌握其三类买卖点,就足以打赢市场上90%的对手。一买指的是最后一个背离点,即趋势拐点,二买是趋势转折后的回踩点。二类买卖点:发生在一类买卖点后的买卖点,趋势转折后,回踩不破的那个点,对应之浪结束的转折点,即为二类买点。第三类买点就是中枢破坏点,即2浪回踩之后再度突破前高(1浪高点)。卖点则反之,一卖为见顶转折点,二卖为反抽之后的次高点,三卖为跌破头肩顶的破位点,这是最后的逃命机会,故颈线被笔者称为"生命线"。

三大买点当中,一类为早期买点,成本相对低,但确定性稍差,可能会遭受回踩的心理折磨;三类买点,成本较高,持仓的心理优势不足,容易拿不住股票;第二类买点相对最好,可以重仓干。趋势交易中的"顺大逆小",本质上符合二买的精髓。对应在波浪理论,至少可以吃到3浪主升的完整。据说有波浪高手只做3浪,放弃5浪,因为哪怕行情只走出ABC,也能吃掉波段的大部分利润,从B段回撤的低点到C段上涨的高点。

案例分析：平安银行日线，2017年4月至2018年2月，见图16-1

图16-1 平安银行日线，2017年4月至2018年2月

第一卖点：2017年11月底，趋势转折点，减仓。

第二卖点：2018年1月底，反抽不过前高，构成双顶，趋势背离，再减仓。

第三卖点：2018年2月初，跌破双头颈线位，或者叫"脱离高位盘整区"，清仓。

案例分析：华新水泥日线，2018年2~8月，见图16-2

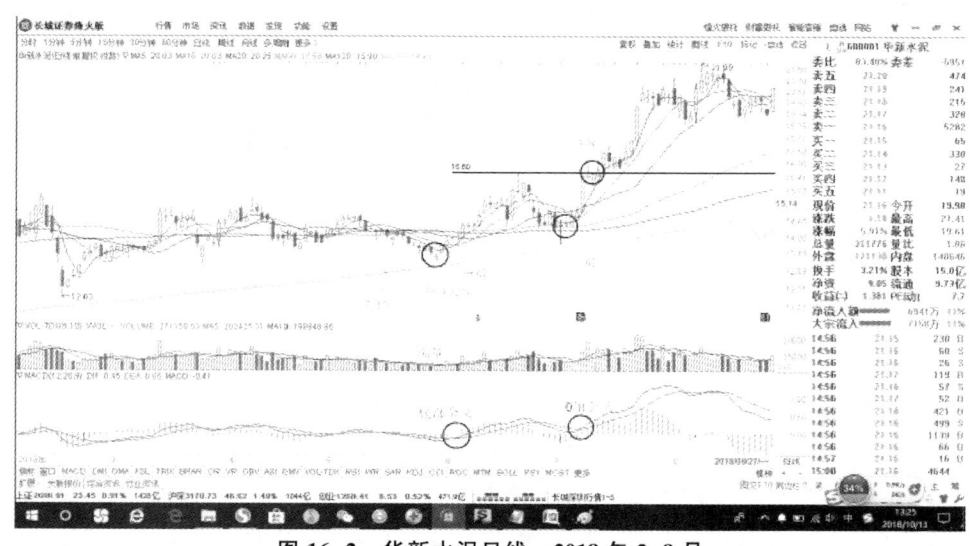

图16-2 华新水泥日线，2018年2~8月

— 113 —

第一买点：2018年5月底，极度缩量，MACD低位金叉，买入。

第二买点：2018年7月初，回踩长均线获得支撑，MACD黄白线0轴金叉，加仓。

第三买点：2018年7月中，突破前高（1浪高点），脱离盘整，最后一次加仓。

备注：2018年6月21日附近（1浪高点处），构成了小级别的一类卖点，可减仓。

三、价格波动轮廓分析

本章写到这里，"故人"的精华基本上写完了。具有百年历史的三大"古典技术分析理论"：道氏理论、波浪理论、江恩理论，无疑是后人技术分析的研修基础。经典理论往往你中有我，我中有你，是一个相互借鉴、相互交融的过程。道氏理论是鼻祖，波浪理论是道氏理论的发展和必要补充，江恩则自成一派。后人，无论是外国的混沌理论还是本土的缠论，都汲取了不少前人的精华。

福建人"莫大"是易经高手，早年花费大量时间精力研习以上经典理论，在实践中发现了不少波浪理论的BUG，提出很多改良意见，终于自成一家。莫大比较谦虚，认为"波动分析"源于前人，非本人原创，只是融入"易学"思想，不能称为"波动分析理论"。其早期版本也放在新浪博客中，叫"跟我学波动"，共47篇。笔者跟莫大老师有师生之缘，学习"波动分析"多有收获。莫大称早年的版本为1.0，现在水平应该升级到了4.0，被笔者戏称为"国内首席技术分析师"。

莫大认为，经典的波浪理论存在着一定的缺陷，但就技术分析方法而言，没有其他理论能超越这个近百年的经典分析理论，而它最重要之处在于对市场波动的前瞻性。但是，与很多研习者所理解的不一样之处在于，这不是一种思维定式，而是一种思维方式，它更像是一个哲学的思维方式。笔者感觉波浪理论还是散户爱用，很少听说机构靠它赚钱。江恩用的人更少，江湖上

第十六章 波动理论（下）

只有极个别神人，偶尔神准一下。

波动真实的用处，并不是用来预测的。虽然它有很强的预测功能，但更重要的是，它是你观察市场的工具，也是你制定操作策略的思维指导。莫大的高明在于推动与非推动的辨别，还有阴阳交替原则，如果判断出高点下行非推动，则可以博弈必然反拉的一笔，大概这就是缠论中的"走势必完美"。莫大还是经济、金融、军事、历史等方面的博学者，其基本面分析往往入木三分，所以，对市场的深度分析绝非技术面单维可以概全，基本面和技术面相互验证是根本的出路。

笔者以为，对照场外利多、利空消息，以及市场的多空反应，是判断股市强弱的关键。在高低不同的位置，人们对市场信息的反应是截然不同的，如果在高位出利好，可以被解读为利好出尽，其实本质上就是阴阳转换，周而复始。外部消息有可能会改变或打乱原有的运行结构或节奏，根本上，是基本面决定技术面。例如2018年国庆前的反弹，上证指数势头很好，下降楔形对应大级别反弹是合理的预期。支撑了很久的2638点，一旦被突破，一时半会儿是回不来的。

所有的预测都不能作为行动上的依据，预测只是一种预案，最终看市场的走势拿出备好的方案应对之，能寻找到一个相对准确和安全的转折点，就能立于不败之地了。阴阳交替，推动非推动交替、平台与锯齿交替，本质上都是阴阳转换的过程。背离判断是趋势分析的关隘之一，趋势结束，要配合背离的出现。不是一出现背离信号趋势就会逆转，有时会经历多次背离，背离次数越多，转折的概率越大。江恩的贡献在于，时间与价格分别以不同的速率运动，最终在时间价格平衡点处产生共振，于是价格出现折返。

关于共振，笔者认为是技术分析的一大"撒手锏"，包括时空共振、大小周期共振、板块共振、基本面与技术面的共振等。波动分析的两大要点，一是找准起点，二是识别非推动结构。非推动结构在波动中是变化最复杂的，也是很多人容易出错的地方。

|第三部分|
管窥基本面

第十七章　A股周期论

A股月度涨跌的统计规律

（1）过去的12年4月，涨跌各半，平均月涨幅4.29%，说明4月是相对做多的时间。

（2）过去的12年5月，涨跌各半，平均月涨幅0.38%，5月多空平衡，略偏多，但不如4月。

（3）上月相关性：4月上涨则5月上涨可能性为66%；同样，4月下跌，5月继续下跌的概率也是66%。

（4）年线，涨跌各半，平均涨幅20.31%，说明牛市的上涨幅度大于熊市的下跌幅度。

（5）4月收阴，5月首日收阴，过去的12年中发生过3次，除了2013年5月上涨，其余月线、年线全部收阴。

（6）6月整体悲观，如果首日收红，则本月有6成可能收红，否则大跌的可能性较大。中小创跌幅较大，预计6月大跌的节奏。

（7）6月首日涨跌和月度涨跌相关性不高；7月首日涨跌相关性稍高，为58%。

（8）7月翻身是大概率事件，历史平均上涨2.36%，仅次于上半年的最后月份4月。

（9）8月首日涨跌与当月负相关，概率为67%，原因是7月翻身的余威，导致月初惯性上冲。

（10）9月首日涨跌与当月正相关，概率为75%，历史上七八月连涨的，则9月100%上涨。

（11）10月不空，在下半年涨幅榜排第2，仅次于7月。首日相关性，10月最高，为85%。长假开门红的概率本身也高，为69%。

（12）11月居然也是上涨的，首日涨跌和月度涨跌不相关，为50%。

（13）12月居然涨幅排第一，很颠覆的结论！首日涨跌和月度负相关，概率为67%。

（14）相对来说，1、6、8月较差，2、4、7、12月比较好。

第十八章　实战角度看财报

据《上海证券报》报道（2019年7月20日），账上现金18亿元却无法派现6000万元，上交所火速发函追问辅仁药业（600781）"咋差钱了"。据说其账上只有300万元现金，连生产的钱都没有了。动态市盈率只有6.6倍，很便宜吧？假的！一个谎言，最终需要无数个谎言来遮掩，一直到谎言戳破的那一天。作为2015年牛市的3倍大牛股，以一种匪夷所思的姿势死在了沙滩上，如图18-1所示。

图18-1　ST辅仁日线，2019年1~9月

一、主要财务指标概述

打开股票交易软件，点开个股 F10，再点财务分析，则相关数据一览无遗。主要财务指标包括：净利润、净利润增长率、营业总收入、营业总收入增长率、加权净资产收益率、资产负债比率等。这些数据如同体检时的主要指标，可以迅速了解一家企业的体质和健康状况。

公司存在的法理基础就是赚钱，尤其是上市的公众公司。因此赚了多少钱是最重要的指标，其次成长性指标投资者也看得很重，毕竟炒股就是炒预期。营业收入是赚钱的基础，阶段性损益或者权益类损益可以是利润的重要补充，但并非稳定的主业。好比偏财运不错的人，你长期依靠偏财忽略正财一定会出问题。净资产收益（ROE）则刨去负债和各种虚无的包装，直指本质，ROE 也是价值派非常看重的指标。资产负债比率揭示了企业潜在的风险因素，通俗地理解就是杠杆率。杠杆高则风险大，但负债率过低也不利于盈利能力的放大。

财务指标第二栏包括以下数据：净利润现金含量、基本每股收益（元）、每股收益—扣除（元）、稀释每股收益（元）。净利润现金含量个人觉得比较重要，是用来辨别经营利润真伪的重要指标。每股收益（EPS）也是价值派常用指标之一，对于估值的推算帮助很大。

二、几个关键指标

在解读财报时，需要注意盈利的稳定性，如是否能保持稳定增长。净利润跳跃性太大的，多半主营业务不稳。连续增长的比偶然增长要好，近端财报增长比远期增长更好。多年前的业绩在过去行情走势中已充分体现。现阶段的股价表现主要反映当季业绩和未来的预期，股票价格通常会提前反映。

第十八章 实战角度看财报

解读财报还需要注意基本面消息本身的滞后性，当你看到公开信息，多半为时已晚。你不知道不代表别人不知道，"消息灵通人士"远比你想象的要多。既然炒股票就是炒预期，对财报所体现出的经营或盈利趋势要特别关注。行业不同，在财报上的表现也不尽相同。在进行标的筛选时，不宜跨行业对比，应该在同一行业或板块进行对比才有意义。每股收益、业绩增速、估值等，横向对比之后选出相对优质的标的并非难事。

案例分析：康达新材，见图 18-2

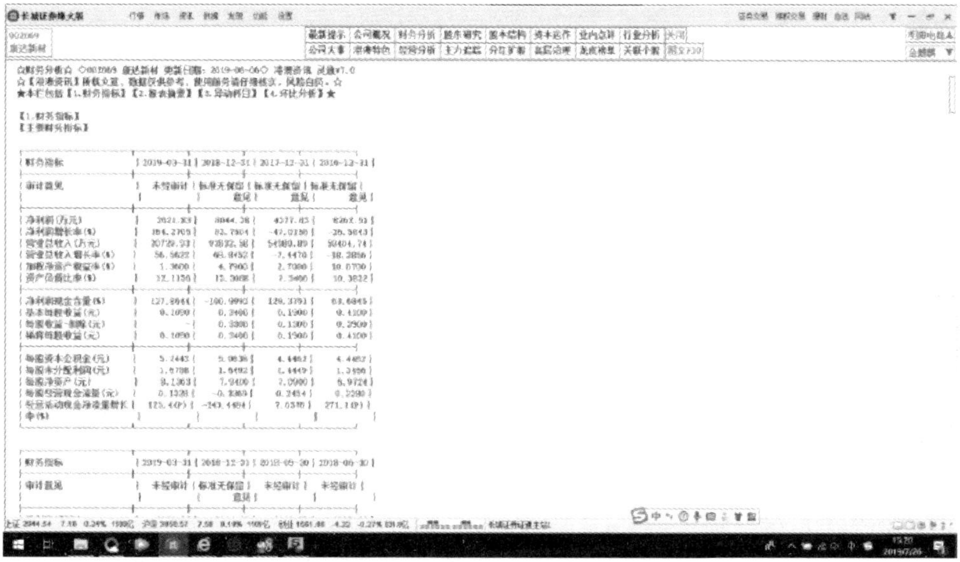

图 18-2 康达新材财务分析数据

例如康达新材，年报增长 83%，一季报增长 164%，就属于加速增长的状态。7.26 的涨停源于中报业绩增长 48%，现阶段是中报炒作窗口期，市场对这类消息比较敏感，动辄涨停。八一建军节快到了，今天的盘面军工板块明显活跃，康达新材还有一个概念，即未来往军工方向发展。题材热点+板块热点+技术形态不错=涨停，这并不奇怪。此前多次强调，炒股是概率游戏，多因素共振是选股的核心思路。

回到财报，在会计准则中，允许将应收款作为营业收入，即先发货确认收入。如果发生退货或呆坏账，则要在后期的财务报表里做调整或计提。康达的净利润现金含量达到 127%，说明业绩数据水分不大。当然，你如果吹毛

— 123 —

求疵，说负面案例辅仁药业的现金流含量也不差，怎么办？没有不透风的墙，在趋势彻底走坏之前是有征兆的，此时只能靠技术面过滤或止损。证券市场唯一确定的事情就是不确定，只能小心翼翼，战战兢兢，如履薄冰。

未分配利润当中包含每股资本公积金和每股未分配利润两部分，这两项之和也是企业经营状况的重要反映。A股流行拆股（高送转），在大盘较好的时候通常会有填权行情。个人经验，两项之和大于5比较好，本案例康达新材的未分配利润接近7元，很好的指标，且公司层面在5.30的时候拿出4000万元资金进行回购，用于股权激励，所有这些都构成了基本面方面的支撑。

三、股东研究

股东研究是个相对冷门的话题，一般个人投资者不会花太多功夫去研究这个指标，但在机构投资者、价值投资派、个人大户中则比较重视。既然是博弈，你总得知道对手是谁吧？F10里，财务分析的旁边就是股东研究，里面详细列明了股东情况、持有比例、增减持、新进股东和退出股东等。基金公司可以根据标的的股东结构来判断其投资或博弈价值，敢死队也会通过著名游资身影来决定是否跟庄。

除了股东结构，还有一个数据也比较重要，即季度末的股东数量。例如东方财富，二季报A股户数339862，较一季报的305138增加了10%左右。说明筹码分散了，主力成功派发。而贵州茅台的A股户数几乎没变，说明投资者大部分都是长线持有。股票涨跌伴随着吸筹、洗盘、拉升、派发四个过程，主力资金介入之后拉升之前，当显示筹码密集的状态，派发就是筹码发散的过程。筹码分析属于短线博弈的高阶技术，感兴趣的可以多花点功夫研究。

四、如何评价估值合理性

在股市中赚钱一般有两种途径，一种是赚成长的钱，一种是赚估值波动的钱。A股从长周期来看，大牛股并不多。创业板十年，第一批上市的28家只有爱尔眼科一只10倍股，是医疗行业。准确讲，爱尔眼科更像是消费股，而不完全是科技企业。从这个案例也反向提醒我们，在中国，真正的大牛股或许来自大消费领域似乎更靠谱，例如白酒类的贵州茅台。那么下一只茅台会是谁？恒顺醋业是否可能？从实际涨幅来看，其长期持有的投资回报率并不低于爱尔眼科。从2005年至今，该股票最大上涨100倍！

案例分析：恒顺醋业日线，见图18-3

图18-3 恒顺醋业日线

开门七件事，柴米油盐酱醋茶。恒顺醋业，作为唯一一家醋品上市公司，早年并不起眼。过去这种日用品一般以地域划分，各地都有自己的小品牌，如同早期的白酒，一个县都不止一家厂。谁能料到，在消费逐步升级的过程中，小企业被逐步淘汰，"镇江醋"则成为头部企业。龙头企业上市后，坐拥资本优势可以采取并购的方式迅速扩大规模，和同业之间挖出一条深深的护城河。

思考题：海天味业会不会成为酱油行业的下一个茅台？目前市值已经高达 2700 亿元！而恒顺醋业目前只有 129 亿元的市值，盐业呢？苏盐井神会不会成为下一个？以上案例都是消费类标的，价值投资、长线投资更适合持有消费蓝筹。涪陵榨菜为什么相对要差一些？因为不是必需品，至少在大部分地区不是必需品。它的成长性不如调味品来得刚性、绵长，至于红枣（好想你）、驴皮（东阿阿胶）等就更不会成为日常必需品。严格意义讲，贵州茅台已经不是普通消费行业，而应该归属于奢侈品，类似于白酒类的 LV 或者汽车里的劳斯莱斯。

正常年份，消费类龙头的市盈率在 30~50 倍，贵州茅台刚刚 30 倍，仅从估值角度看不算贵。只是它第一高价股的身份吓退了很多普通投资者，而且 1.2 万亿元的市值也让游资对其波动性不太感兴趣，所以贵州茅台很难享受到流动性溢价。恒顺醋业和海天味业都分别是 46 倍左右的市盈率，而苏盐井神只有 10 来倍，只是行业归属为化工原料板块，如果能在食用盐这块提高市场份额，则估值提高空间很大。

| 第四部分 |

构建交易系统

第十九章 打开交易之门

证券交易门槛极低，一买一卖就完成了一笔交易，运气好的话抓到一个天地板，一天最高可以有20%的收益。当然如果踩到地雷，连续吃一字跌停也是可能的。包括股票、期货等在内的证券市场，风险大、收益高，加之博弈本身有快感，因此吸引了无数股民和参与者的前赴后继。通俗的说法，"股市一盈二平七亏损"，具体详情无法科学考究，大部分人亏钱或不赚钱是不争的事实。

如果投资者不舍离开这个市场，那么如何才能做到稳定盈利是非常严肃的问题。请先牢记以下忠告：

（1）证券交易是九死一生的行业，准备职业炒股的，要三思。
（2）股市是社会财富再分配的场所，而不是逆袭的通道。
（3）真正适合散户参与的，只有牛市，其余时间应该安心本业。
（4）市场上永远是大钱赢小钱，输得起，你才赢得起。
（5）这一轮牛市过后，散户将逐渐退出市场，未来是机构与AI的天下。

了解以上，对你步入交易之门或许有所帮助。除了个别人全凭运气之外，大多数在二级市场获益者都是之前在市场中交了足够学费的股民。对于证券市场新兵，或者长期徘徊在稳定盈利门外者，有必要重新梳理一下问题之所在。

一、交易的关键在于确定性

我们在证券交易中的所有动作都是为赚钱而来，包括止损。你现价买入是因为你相信日后可以以更高的价格卖出，你在浮盈的时候加大仓位是因为相信行情还没走完；你在标的下跌的时候补仓摊低成本，是因为你相信它未来还会涨上去；你选择获利了结，也是为了下一单更好地出击。

可是，你上述所有动作的决策依据是什么？是什么因素让你选择止损、加仓、持有？所有的事前判断，都是一种概率思考。所谓确定性，也并非百分百意义上的确定，大概率对自己有利而已。交易的确定性，就是用对结果导向有利的交易理念、方法和工具，浓缩提炼出赚钱的策略共性，且这种策略至少在阶段性是正确的、可复制的。

所谓交易策略就是可以表述清楚的交易原因和指令逻辑，例如你赚钱了，有没有问为什么？如果你告诉我是听消息来的，那你就继续听消息好了，这叫"盈亏同源"。听消息肯定不属于交易策略的一部分，瞎买瞎卖当然也不是。所谓策略，指计策、谋略。一般是指：①可以实现目标的方案集合；②根据形势发展而制定的行动方针和斗争方法；③有斗争艺术，能注意方式方法。

牛市的产生是多因素共振的结果，通常在牛市启动之前已经熊了3~4年之久，汰弱留强，落后产能被部分出清。经济结构进一步优化，也必然导致上市公司大面积业绩改善。所谓牛市就是时间持续较长的大级别上涨行情，此时介入由于容错度比较高，则赚钱的确定性很大。

从板块属性来看，牛市必然伴随着成交量的持续放大，最直观的受益板块就是券商。每一轮牛市当中，翻倍牛股总少不了券商的身影，例如2005年牛市，中信证券最大上涨12倍。同样是中信证券，在2015年牛市当中也上涨了4.4倍。这就叫板块的确定性，A股3700只标的，搞那么复杂干吗？唯一的要求是，在不适合交易的大段时间里，你要能忍得住寂寞。

二、择时与择股

股民甲说，如果有人告诉我某只股票一年之内能翻倍，那我就会坚定持有，无论中间怎么波动都不怕。问题是，没有人敢这么肯定，就算他拍胸脯保证也是骗人的，除非他提前打一笔保证金给你。可谁能告诉你，当下行情到底是大级别反弹还是牛市？就算是牛市，那么我们处在牛市的哪个阶段？

是牛初期、爆发期，还是牛市尾声？不确定性是证券市场的主要特征，也是其魅力所在。

时间和空间可以互换，应该说，时间的优先级别高于空间，汉语里面有"时空"，没有说是"空时"的。板块和个股的价格走势受制于行情级别的大小。同样的优质标的，如中国平安，熊市估值可以低到6~7倍，牛市则可能涨到20倍。还以中信证券为例，2005年、2015年其上涨节奏是沿20周均线上涨，而本轮（2019年）则跌破周线的MA20，节奏和2009年类似。中间都刚好相差了十年，你们觉得这是偶然的吗？

春播、夏长、秋收、冬藏，不要反季节，一部《黄帝内经》，既是养生著作，也是哲学思想。其思想和中华古老智慧《道德经》中的"道法自然"一脉相承，生活追求顺其自然，交易讲究顺势而为。选股好比种庄稼，你只能在适合播种的时候选择种小麦还是稻谷，而不能在冰天雪地里瞎刨。市场处于熊市或大级别下跌的时候就是投资者的冬天，也正是我们需要冬藏的时候。"冬至一阳生"，最冷的天气，黑夜也最漫长，但《易经》说这是"否极泰来"。

在适合播种的季节，还要根据天时、市场需求等因素选择效益最高的经济作物，大豆、玉米、甘蔗等。不同的产区好比不同的板块，同样的葡萄产区，法国、意大利、智利、澳大利亚的品质和价格并不相同。择股也一样，首先是板块选择，现在的板块指数比早年的个股数量还多，在有限的资金博弈下，板块必然轮动，优先选择当下波动率高的板块是效率较高的策略方法。

三、标的的稀缺性与流动性

1987年，包含上海申华、电工联合公司等八家公司，开启中国股市发展先河，史称"老八股"。平安银行（原深发展）是000001号，上市至今最大上涨48倍；000002万科A，现有系统显示成本为负，无法准确描述其成长性，大约按1000倍计算吧。俗话说"物以稀为贵"，第一批A股、第一批创业板、第一批科创板，所有的第一批必然被爆炒。

尽管长期来看个股会分化，但阶段性成为"众矢之的"——也就是稀缺性，则会充分享受流动性溢价。如同敢死队眼中的妖股，涨幅大、估值高，但短期超高的换手率注定行情不会很快凉下来。极高的换手率也垫高了场内持仓成本，获利了结的抛压反而并不重，这就是流动性的好处，也叫"流动性溢价"。

除了"第一批"这种天然的稀缺性标签，后续的品牌、独特配方、核心技术等核心竞争力也会产生稀缺性溢价。例如国酒"茅台"，尽管现在已经取消了国酒字样，但很难从人们的心理模式中将其"唯一国酒"形象抹去。

反过来，如果遭遇流动性陷阱，如同当年的熔断机制，则会形成资金的"虹吸现象"。当标的下跌到5%阈值的时候，则大家开始恐慌性抛售，跌到7%，则必然直奔涨停。你不跑，别人跑，犹如"囚徒困境"。银行挤兑，就属于流动性风险，哪怕资产负债良性，照样可以被挤兑垮掉。当流动性出问题的时候，民众出于保护自己的动机，争先恐后、毫无理性卖出或挤兑，而根本不考虑是否错失。长期价值投资，尤其要注意选择有稀缺性、刚性需求、产品涨价等标签的个股，回报率将远超市场平均水平。

第二十章　交易基础之买卖依据

股票交易门槛极低，要想成为稳定盈利者，有必要进行系统学习，将成功的投资理念、交易方法提炼出来，并固化成可复制的交易系统。股票市场各种流派众多，价值派、技术派、博弈派、量化派等不一而足，每个门派都有其独特的优势和缺陷。市场流派渐趋融合，大多数投资者或机构都是综合派，博采众长。不少价值派在技术面的择时上也很精通，技术派很多高手也会用基本面因素来过滤标的。

流派的划分只是一种大概的描述，通常以买卖的主要依据为划分标准。大部分投资者可能并没有明确的买卖思路，或者在各种逻辑中随意切换。股市里的馅饼很多，陷阱更多。如果不思进取，不好好学习，则丢在市场的学费就白交了。股民的进阶需要从基础开始，有所为有所不为。并不是所有的钱都要赚，搞不好就会成为亏钱的漏洞。

一、基本面买卖法

所谓价值投资，主要依据公司的内在价值评价来决定买卖，分为估值型和成长型，即静态、动态两种。静态如银行板块，成长性不高，但盈利比较稳定。保险中的中国平安，除了具有金融属性，公司本身还有大量的科技企业的股权投资，因此其长期成长性也并不差。价值投资包含了估值和成长两部分考量，并非仅仅着眼于市盈率的高低，通常也会评估其成长性是否可以覆盖当下略高的动态市盈率。

通常价值派投资周期较长，持仓时间很少有低于半年的，有的甚至长达两年以上。从交易的一致性角度看，根据基本面条件入场的，也同样要用基本面条件出场。例如大族激光，2019年年初有一波77%的上涨，但其一季报净利润下跌55%，公告日期4月23日。如图20-1可以看出，前一天大跌3.98%，显示有人"抢跑"。

案例分析：大族激光日线，见图20-1

图20-1　大族激光日线，2019年1~9月

基本面信息相对滞后，当然也没关系，本案例如果你前期坚持按基本面持有，手中的浮盈也很可观。假设是4月23日晚间公告，你最晚4月24日抛售也是来得及的。最怕的是，次日下涨1.12%，然后你突然切换成"技术面"买卖法，认为走势还算强，继续持有，则4月25日将再吃一碗4.46%的大面！

个人认为，基本面买卖法省的是心思，但不省心力，这话怎么理解？依据基本面买卖一般不会频繁换股，有限的标的中长线持有，这样省了许多选股和做研究的麻烦。看似省心了，可是你必须面对股价波动的煎熬，尤其当出现价格大幅调整，由浮盈变成浮亏，但你掌握的基本面信息又没有变化的时候，是否要止损？是否应该坚守？这种心理波动和感情煎熬也是一种成本。

二、技术面买卖法

技术面的买卖依据包括 K 线、均线、形态、成交量、黄金分割、波浪、辅助指标（如 MACD 等）。

重点一："20 日均线下不持股"。

MA20 通常被当作阶段性平均成本，在日线级别中就是 20 日均线，在更小的级别，只要符合交易者自定义的周期，如 60 分钟均线、30 分钟均线、5 分钟均线等都同样适用。MA20 均线的形态是趋势判断的基本标准，均线向上就是上涨，向下就是下跌，走横就是盘整。说得更准确一点，MA20 均线向上，K 线没有跌破 20 日均线就是上涨趋势，反之即下跌趋势；MA20 日均线走横，K 线反复上下穿越，就是标准的盘整走势。

不管是商品期货还是股票交易，趋势博弈是唯一正确的思路。用中期均线来衡量趋势状态是比较靠谱的，当然你也可以自定义参数，例如 MA21 日均线、MA15 日均线都可以。当标的 20 日均线走横，至少说明中期上涨趋势已经破坏，此时需要考虑获利了结。如果所持仓位一段时间不上涨，那么未来下跌的风险则加大。

炒股票需要克服一些情感障碍，例如某只股票赚过钱，就会格外喜欢，认为跟自己有缘，即使破位，哪怕跌破 20 日均线都舍不得卖，心存幻想，认为迟早会涨回来。另一种情形是，刚买入就破位，也同样不愿卖，想持有观察一阵再说。过了最佳止损（出场）期，再跌就更不想出局了，到最后就会处于麻木的状态。

标的跌破 MA20 日均线之后不代表永远没机会，等待趋势走好、均线重新成多头排列的时候，再介入不迟。"20 日均线下不持股"的核心意义是给投资者一个明确的买卖标准，曾经挣到的钱不要吐完，没赚钱的也能控制好损失。

重点二："无量无行情"。

基本面是股价涨跌的内在动因，K 线走势是多空博弈的外在表现，成交量则属于人气指标。"放量，表示趋势延续；缩量，表示趋势不可延续"。以图20-2的德美化工为例，在2019年6月这一波斜率不大的上涨过程中，成交量明显比前一波要小。因此，从行情级别上可以降低预期。9月19日股价阶段新高，但后面的成交量逐步萎缩，则又是一个预警信号。最后的出场确认，是8月1日，股价收于20日均线，这样就可以规避8月2日的大跌。

案例分析：德美化工日线

图20-2　德美化工日线

重点三："牢记ABC"。

ABC概念是从波浪理论简化而来的，一般会说推动5浪，非推动走3浪，即无论推动还是非推动，走完ABC的可能是大概率。以图20-3为例，沪深300指数5分钟走了一波清晰的下跌，简称A段。其后运行了一波斜率平缓的反弹B段，由于这里是A段次级别反抽的概率较大，因此不合适做多，至少要有C段下跌的预案。如果是下跌推动，则后面的下跌空间更大。

案例分析：沪深 300 指数 5 分钟（2019 年 7 月 30 日，对应股指期货 IF 分钟级别）

图 20-3　沪深 300 指数 5 分钟（2019 年 7 月 30 日）

三、博弈派买卖法

所谓博弈派泛指打板族、敢死队、短线客等以短期交易为主的流派，这部分投资者相对年轻，风格激进，要么休息，要么追涨。华尔街有句股谚："我见过老的投资者，也见过激进的投资者，但没有见过又老又激进的投资者"。某种意义上说明了风格激进则意味着寿命（胜率）不长，江湖上总有这样那样的打板或敢死队神话在流传，但现实中可以遇见的寥若晨星。

博弈派的策略原理，是当市场处在相对强势的时候，大盘上涨，成交量持续放大，板块良性轮动，散户情绪高昂，追热点、抢龙头的玩法。例如追一字连板票、妖股等，追求的是快速。当市场行情较好的时候，该方法短期收益应该不错。

从买卖的角度，博弈者首先要进行市场情绪判断，否则在弱势行情下参与风险很大。判断的依据包括涨停板家数、连板票个股、监管层态度等,此其一。其次是要判断板块及个股的赔率,这部分工作技术含量较高。比较简单的是根据事件驱动来打提前量。机构投资者比较喜欢用这种套路,一方面是有投研优势,另一方面是追求确定性。

其卖出逻辑是利益散户的后知后觉和追涨杀跌心理,在靴子落地的时候派发,可怜的散户就成了接盘侠。A股近年板块轮动有加速的趋势,所谓"事件驱动"也越来越成为大家的共识,"提前量"也越来越提前。

第二十一章 风险控制与仓位管理

有句老话叫"福无双至，祸不单行"，用现代趋势理论解读，即一旦趋势形成则短期不会逆转，所谓"趋势是有惯性的"。越是大周期的趋势方向、越是和大成交量同步的趋势方向，惯性越大。所谓"船小好掉头"，同样可以理解成交量的作用。在人类心理模式中，上涨总是充满了犹疑和抛售，多显得"一波三折"。而下跌则容易引起群体恐慌，众人皆"夺路而逃"，这种涨跌的情绪差别在股指期货中表现得淋漓尽致。当发生多空转折的时候，下跌趋势要比上涨流畅得多。

本章将重点阐述风险控制的手段和仓位管理的方法，风险控制是纯防守机制，在规避了风险的同时，也隔离了潜在的机会。而仓位管理具备攻防转换的双重职能，某种意义相当于"杠杆调节器"。仓位管理也可以理解为赌场的筹码，职业赌徒很少有"All in"的时候，因为搞不好就会瞬间"Game Over"。而我们相当多的股民，喜欢满仓进出，甚至在行情不好的时候还要融资加杠杆。建议投资者学一下职业赌客的筹码管理，是等比例下注还是金字塔下注，场景和效果都是不一样的。

一、风险预警及控制

1. 大盘风险

股市齐涨共跌的特点比较明显，近来纵有分化之势，少部分标的仍可逆势上扬，如科创板开板之初，但整体上依然表现为牛市中的鸡犬升天和熊市里的泥沙俱下。A股历来牛短熊长，盘整市中，一年的有效波动机会平均也不超过2次。因此，监测大盘的状况与风险是每位投资者必须面对的任务。

炒股票很容易，要想稳定盈利却异常艰难，因为它是一个系统工程。机构明显比个人投资者有优势，除了资金规模、抗风险能力，最大的优势是团队优势、投研优势，分工协作。例如风险控制，笔者在时代方舟公司扮演"首席风控官"的角色，而且我不是一个人在战斗，风控组织本身是一个团队。

监测大盘风险，需要综合考虑主要指数走势（三大指数+未来的科创板指数），外盘情况（以美股为主，也关注欧洲市场），资金面（隔夜拆借、北上资金、融资余额等），国家队动向（如超大盘、上证50等），市场情绪（如成交量、国债指数、黄金指数、涨停板、跌停板、连板家数）等信息，还要分析其中的逻辑和影响因子权重。

2. 产业政策及周期风险

决定大盘的是政经周期、货币周期，和股市关系更密切的是基钦周期。基钦周期是现代西方经济学关于资本主义经济周期性波动的一种理论。它是由美国经济学家约瑟夫·基钦于1923年提出的。基钦根据对物价、生产和就业的统计资料的分析，认为资本主义经济的发展，每隔40个月就会出现一次有规律的上下波动。这一理论后被"创新理论"的提出者——经济学家熊彼特吸收，作为他的经济周期理论的一部分，促进了西方经济学的发展。

康波本质是创新周期，细分到行业领域，也会有产业周期。通常一个行业分萌芽、成长、成熟、衰退4个周期，产业政策一般会在成长期鼓励或支持，在衰退期或产能过剩期进行调控以利于落后产能出清。如锂电产业的早期补助和后来新能源汽车补贴的缩减都属于产业政策调整，锂电行业也因此成为阶段性牛股集中营。新能源汽车退补政策出台，立马引发相关标的股价跳水。投资者一定要在行业的上升期介入，在衰退期回避。

基钦周期属于短波理论，和库存周期相关，产业的生命周期和以上周期关联度也比较大。背后有更重要的影响因素——货币周期，或称货币供应量周期。货币供应量等指标中，有一个共同的周期长度：40个月左右，就是基钦周期。基钦周期包括28个月左右的扩张期和平均12个月的收缩期。一个产业在进入衰退期的时候，如果叠加货币收缩期，则容易成为出清对象被淘汰。反之，如果一个新兴行业和扩张期共振，则容易成为牛股板块。

3. 个股地雷

"价值股"集中暴雷主要源于两方面原因，一是产业或行业周期导致的落后产能出清，说得通俗一点就是该企业在行业中的竞争力下降，导致在市场调整过程中的亏损，没能等到春天到来之前复苏，倒在了寒冬里。另一原因更为重要，即新证券法正在修订，新法公布后对于财务造假等违法行为的处罚力度大为提高。有个别上市公司历年做假账，怕日后暴雷，不如选择违法成本低的时候一次性销账。

个股排雷的重点，无非财务造假、虚增收入、编造库存等。但差劲的公司一般都逃不过众多券商或基金公司人员的调研，通过对比季度末上市公司股东情况可以发现一些端倪。凡是有雷在身的企业，在爆炸之前，其上升趋势都早已被破坏，几乎都在20日均线下方苟延残喘，符合"20日均线下不持股"的出场标准。

二、仓位设定的标准

大部分投资者没有清晰的仓位量化标准，这和我们传统文化重定性、轻定量思维方式有些关系。为了避免本书流于理论或俗套，笔者列一套依据行情级别大小的仓位上限规则，读者可以从方法论的角度参考，然后根据自己的偏好做调整。下面分别从月线、周线、日线、60分钟线级别来定义行情并给出对应的仓位建议，操作周期分别对应长线、中线、短中线、短线。

1. 月线级别的上涨行情（牛市）：满仓+杠杆

牛市的定义，指数月线级别上涨，通常时间超过一年，幅度超过100%。在K线上一般表现为先均线黏合，然后金叉，节奏上沿5月均线上涨，如2005年、2015年牛市。在牛市当中，因为时间长、幅度大，可以放心使用杠杆，比如场内融资（非场外配资）。

2. 周线级别的行情（中级反弹）：满仓

行情的级别是可能扩展的，但在初期并不能确定一轮行情可以走多远，只能走一步看一步。"风起于青萍之末，浪成于微澜之间"，大牛市也是从小级别行情发展而来的，先日线后周线再月线的。行情定义的标准都差不多，一套均线就够了。例如2019年年初的这波行情，可以满仓干到4月底，5周均线破位之后就不行了，至少应该减仓一半，因为周线级别的反弹宣告结束。

3. 日线级别的行情（波段）：半仓

在2019年2月，行情刚从日线级别启动，此时可以用半仓博弈，待周线级别确认再放大仓位不迟。需要指出的是，行情从低到高加仓，和从高到低下行，略有不同。

4. 60分钟线级别的小反弹：仓位上限不超过2~3成

以图21-1为例，2019年7月24日上午10点半（图中左边的蓝圈），是进场信号，下跌趋势中的反抽，仓位不宜超过2成。7月31日（周三），形态破位（右边的蓝圈），清仓，可以规避周四、周五连续两天的大跌。关键是，后面的下跌趋势还可能延续。

图21-1　上证指数60分钟线级别：2019年6~7月

三、加减仓的方法

先记住一个原则：缓加仓，急减仓。加仓的时候由于确定性不足，或者浮盈的安全垫不够，从保护本金的角度，应该分批加仓。但随着仓位的加大，浮盈的提高，也伴随着回落风险的加大。所以，对应的高位减仓要果断，不能磨蹭。不少人买股的时候喜欢一把梭，实际上出场更应该一把梭。

加仓的力度，可以参考标的的上涨速率来判断，如果涨速（K线斜率）平缓，则可以少加一下，如果涨得急迫，则买卖也可以适当激进一些。在判断的时候一定要参考大盘的成交量，如果大盘不温不火，哪怕个股大阳上涨也不能轻易追涨。越是弱市，刀手越多。

四、仓位管理的进攻作用

仓位管理在职业赌客和期货交易中应用更广泛，例如马丁基注码法，是在赌场常用的一种注码法，就是你输了后，加倍下注。澳门赌场里的百家乐，如果你玩押大小，就可以用这个方法，连输也不要紧，一把就可以回来，前提条件是你要有足够的筹码。我朋友就亲眼见过连开23把大的，不服不行。从概率来讲，至少是几万分之一吧。

这种方法用在股市里面就是下跌加仓，摊薄成本。在下跌趋势中加注，无论在赌场还是在股市都是比较快的死亡方法。长期来讲，赌场和股市最终的赢家都是开赌场的，因为他们有概率优势和筹码优势。赌客再财大气粗，其筹码也不可能超过开赌场的，因为筹码本身的成本太低了。对了，别忘了，科创板一堆百元股，老板的成本只有1块钱，只是短期不能流通而已。

逆马丁基注码法也很容易理解，即赚钱的时候加仓，用在股票上叫"浮盈加仓"。当趋势对自己有利的时候，例如牛市，赚钱说明行情对自己有利，则可以放大仓位。大行情，如果没有配套重仓盈利也一般。但这种玩法的风险就是随着仓位越加越重，一旦趋势逆转，则利润回吐很快。

　　凡事都有两面性，存在有利的一面则必然有缺陷。风险控制过紧，除了规避了风险，机会也同样会被过滤掉。加仓的关键是要顺着趋势的方向进行，逆势加仓的唯一原因是因为你相信趋势很快逆转。但实际情况往往事与愿违，趋势的发展和变化不会因为你的愿望而改变。

第二十二章　系统评估及情绪管理

所谓交易系统就是依据一定的交易理念、交易技术，根据行情的变化形成的一整套交易规则。构建交易系统是相对专业的话题，评估交易系统则技术含量更高。在交易系统的构建过程中，跟踪、反馈、评估、修正是一个动态过程，没有一劳永逸的赚钱系统，只能阶段性修正。大部分基金公司都会面临业绩评价问题，评判机构的投资能力不能简单按照最终的结果来下结论，过程也很重要。这就涉及系统评估的标准，一般分为胜率、盈亏比、最大回撤等几个维度。

证券市场赚钱很容易，赔钱更容易，情绪波动是投资的大敌。追涨杀跌是人性使然，情绪控制是证券交易最大的难点。博弈的最高境界，比的是人性以及自我控制、自我修炼的程度。之所以要构建交易系统，就是要把情绪"关进笼子里"。交易系统由一系列正确的规则组成，尽可能规范人们的交易动作，最终的目的是要能长期稳定盈利。

一、胜率

证券交易的背后是博弈，博弈的背后是数学，数学的背后是概率。一定规则下的交易方法既不可能百发百中，也不可能满盘皆输，隐含着某种概率即胜率。假设等额交易，用同一种方法交易，胜负各半则大致可以认为该方法可以保本。如果赚得多、亏得少，在不考虑税费等损耗因素下，可以判断该策略是赚钱的，反之就是亏损的。

理论上，在不考虑赔率的情况下，只要胜率>50%，就是相对成功的方法,当然越高越好。需要注意的是,投资者或研发人员不应追求不合理的胜率,追求"完胜"根本就是异想天开,徒劳无益。在股票交易中,60%~80%的胜率就算不错了。不过这个话题相对比较专业,个人投资者会直观地看看净值变化,很少有人会记录自己的每一笔买卖,并做胜负统计,因此,要想成为股市赢家,首先要从培养良好的习惯开始。

第一步,你要有交易计划;第二步,要做买卖记录;第三步,要做盈亏统计,包括每一笔买卖,赚了多少,亏了多少,盈亏的原因等。有了这些记录,才可以统计胜率,方能评判某种策略的胜率和优劣。刚开始的买卖策略可能是粗糙的,可以对失败的交易进行统计分析,找出原因,进行修正,以期胜率的稳步提高。

二、赔率(盈亏比)

胜率的提高往往会有限度,终将会碰到天花板,但职业赌客可以通过低于50%的胜率获得较高的盈利,其原因就是合理利用了赔率这个利器。所谓赔率(也叫盈亏比),就是赚的钱和亏的钱的比值。或者每笔赚钱交易的平均盈利,除以每笔亏钱的平均损失。盈亏比>1就是最低标准,越高越好,例如在股指期货交易中盈亏比>2,已经很不错了。

赔率概念在期货交易中尤为重要,赔率高,哪怕胜率低于50%都可以赚钱。在期货中,赔率指标比胜率更重要,假如胜率只有45%,但盈亏比能达到3∶1或更高,也是很好的赚钱策略。赔率在股票交易中也大有用处,通常指股票的介入位置,赚钱的可能比赔钱的可能大,那叫胜率。向上空间20%,向下空间只有5%,就叫赔率,盈亏比大约为4∶1。实盘当中要以实际产生的盈亏数据计算,估算只能是定性而不是定量。

市场参与者比较重视胜率而忽视赔率,因为前者比较直观,后者要通过计算和分析。在一个交易系统中,胜率是盈利的基础,但赔率是赚大钱的关键。例如股市中的择时,选择一个牛市或大级别反弹行情介入,就确保了胜率对自己有利。在一个上涨的市场中,高位小仓位卖出,回调大仓位买进,这种买卖手法也是利用赔率的概念，简称低买高卖。反之，高位买，低位卖就是追涨杀跌，这是赔钱的基本功。

在期货交易中，例如股指，赔率的提高空间比胜率大，也更有价值。找出交易规则中可能导致失败的原因并修正，可以提高胜率。控制损失，让利润奔跑，则可以提高盈亏比。期货不同于股票，基本面因素占比比较小，因天然带有杠杆，对止损的要求特别严格，必须通过止盈、止损的管理来放大成功交易的赚钱效应。例如本人近期开发的股指期货程序化交易系统，胜率高达70%，盈亏比也在2以上，故取名"倚天剑"系统。对应的，股票的擒龙战法，简称"屠龙刀"。风控体系，则戏称为"灭绝师太"。

三、最大回撤

所谓最大回撤，即一个账户在资金封闭的情况下，在完整运行的过程中，净值曾经发生的最大亏损幅度，一般指的是比例而不是金额。最大回撤是衡量交易系统抗风险能力和盈利稳定性的重要指标，越是成熟的市场，对最大回撤越是看重。A股比较年轻，大起大落时有发生，规范度和成熟度都比较差。随着机构投资者的比重越来越大，大家对最大回撤这个指标也越来越重视。

假设有两位操盘手，在其他条件一致的情况下，A盘手获利30%，最大回撤10%；B盘手获利90%，最大回撤30%，盈亏比都是3∶1，请问你喜欢哪一个？我们的投资者大部分会选择B，因为从结果导向来看，B的盈利更高。但从过程来看，30%的最大回撤过高，抗风险能力很差。而在华尔街，一定认同A盘手的价值，通常B被认为是疯狂的基金经理，会被列入黑名单。

个人投资者由于盈亏自负，通常比较激进，经常满仓进出玩得很嗨。但作为基金管理者，负有信托责任，不可以用客户的钱去赌博。一般在受托合约中会规定平仓线，以保护本金不受过分的损失，例如20%清仓线。客户有权要求强平，并可以申请赎回。在上例所说的B盘手，按照这个规则，还没等翻身，就已经被强平了。在成熟市场，B一旦有被强平的记录在案，则会声誉扫地，以后就很难混了。随着A股市场机构比例的增加，客户也越来越成熟，基金业绩和风格对比的时候，相信更多的人会在意最大回撤这个指标。

四、容易犯错的情绪点

做投资首先要树立正确的理念，例如大道至简、顺势而为、合理预期等。人性的贪婪和恐惧是证券交易的大敌，贪婪让你在应该见好就收的时候不知止，也会让你频繁交易、过度交易，还能让你进入不熟悉的行业和交易模式。恐惧可以让你砍在地板，死在黑夜，也能促使你赚小钱就跑而丢失更大的利润。有一种比较常见的赌徒心理，越亏，越急于扳本，动作越激进。优秀的操盘手不是不犯错误，而是能在犯错的时候迅速收手进行反思，以免陷入赌局。

不少股民把浮盈不当钱，利润保护的意识不强，在有浮盈的时候更容易有加仓的冲动，这种做法只有在强势上涨的初期可以，否则风险很大。比较理想的选择是行情启动初期重仓，越涨仓位越轻。为什么股民赚了不走，然后回到成本线附近的时候卖出？因为在他们心目中，本金才是钱，浮盈不算钱，不心疼。

随意改变规则和放宽执行条件也是股民常犯的错误，能有交易系统概念本身已经算上了一个台阶，可执行的随意性又会让其跌落。"永动机""过劳死"是股民常见的死法，分不清主观和客观是自我麻痹的结果。还有一种更搞笑的观念，认为亏损了没有卖出就不算亏，在这个动作上死的人更多。

还有心理止损点，比如某票下跌，股民甲原计划亏损10%止损，但实盘到了止损位的时候又产生了犹豫，心存侥幸，决定到收盘前再看看。结果收盘的时候浮亏增加了3%，对了，你没有看错，是十三点。此时已经过了心理止损线，亏10%没走，亏13%就更不想卖了，于是死扛，然后20%、30%地亏下去……

| 第五部分 |

实战秘籍之"七种武器"

第二十三章　如何捕捉牛股第二波

股市行情如火如荼，重仓骑牛是跑赢大盘或跟上行情的不二法门。牛股的诞生具备一定的偶然性，对于普通股民来说提前埋伏暗牌的难度较大。如果选择关注明牌，即已经跑出来的牛股，按照一定的条件和规则选择牛股的二次上涨启动点，或许是不错的赚钱机会。

在大级别的上涨行情中，趋势的发展具有一定的惯性，真正的市场龙头也许低点上涨50%刚起步。几倍大牛股，第一次翻倍的时候也许主力刚完成拉升式建仓。在股市全面走好的情况下，牛股（或强势股）会被市场资金反复挖掘，接力上涨，尤其是业绩好、估值低、有板块效应的个股。

以下详细阐述"捕捉牛二"的逻辑、方法与规则。

一、强势股的定义

（1）涨幅：波段涨幅较大，>50%为佳。
（2）节奏：上涨节奏清晰明快，不拖泥带水，沿5日均线上涨为佳（持有不纠结）。
（3）小盘：流通盘不超过百亿元为佳（盘子太大拉升不易，容易一波三折）。
（4）题材：最好有一定的题材、概念或板块效应（这样的上涨比较有持续性，不容易短命）。
（5）业绩估值：业绩好、估值低更理想（大资金愿意介入，安全性更好）。

二、博弈第二波的依据

（1）趋势的惯性：从波动理论角度看，如果不是突发事件导致的V形反弹，很少有一波行情是"一浪"就结束的。上涨幅度、持续时间、成交量的堆积构成了趋势发展的要件，跟随趋势的惯性发展，是股票投资的关键之一。

（2）技术形态：传统的波浪理论认为，推动型上涨至少应该有5浪，次级调整出现非推动3浪的可能性更大。当趋势存在惯性的时候，第3浪上涨几乎是必然发生的。

（3）追求确定性：依据高手的实战经验，就算是非推动上涨，至少也会出现ABC的C段（牛二波）上涨，因此确定性比较高，甚至有高手只做C段反弹，因为确定性比较高。

（4）仓重才能赚大钱：不管什么级别的行情，你只买1手，翻10倍也没用。只有重仓才能赚大钱，而可以重仓的唯一依据是确定性高。

（5）小波动不下车：重仓骑上牛股，如果不能忍受颠簸，一有风吹草动就下车，一样也赚不到钱。记住，趋势的发展需要时间，重仓，站在正确趋势一边，时间就会成为财富的朋友！

三、案例分析

1. 华贸物流：上海自贸，见图23-1

特征：①第一波沿5日均线强势上涨58%，伴随着持续放量，筹码未明显分散。

②调整：缩量回调20日均线，成交量最大萎缩近8成。

③介入点：确认支撑的那根标志性阳线（3.29）。

④持有：按5日均线持有，MA5拐头，K线收盘在均线之下，出场。

图 23-1　华贸物流日线

2. 美锦能源：氢能源，见图 23-2

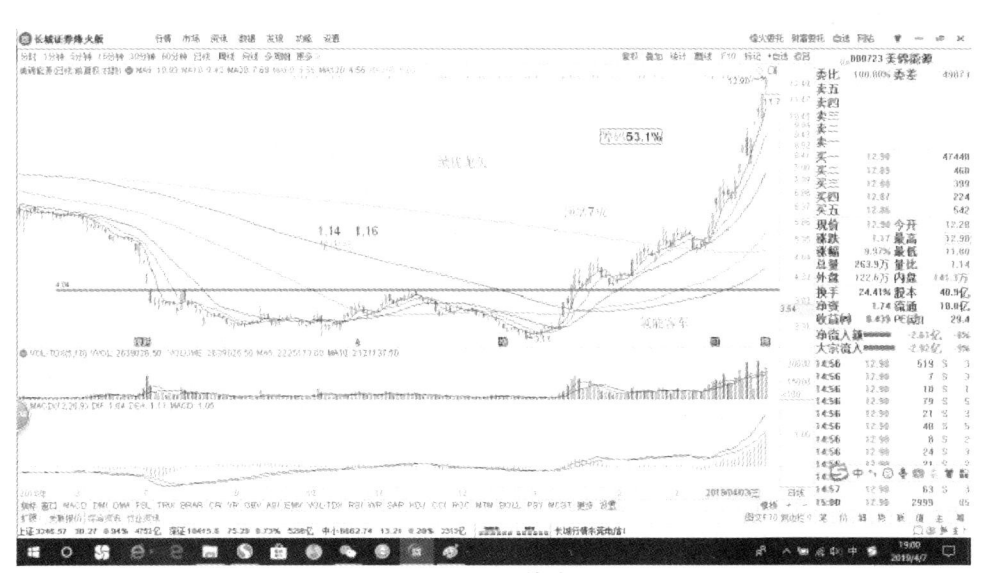

图 23-2　美锦能源

特征：①第一波走 ABC 上涨 84%，缩量上涨，主力采用拉升式吸筹。
②调整：缩量回调 20 日均线，成交量最大萎缩 64%。
③介入点：确认支撑的那根标志性阳线（3.13）。

④持有：按 5 日均线持有，MA5 拐头，K 线收盘在均线之下，出场。

3. 北方国际：见图 23-3

图 23-3　北方国际

特征：①第一波沿 10 均线，上涨 64%，强势。

②调整：缩量回调 10 日均线下方，靠近 20 日均线，成交量最大萎缩 78%。

③介入点：回踩 MA20 的第一根阳线（3.28）。

④持有：第二波在 5 日均线有支撑，斜率拉升。

4. 安妮股份：区块链，见图 23-4

特征：①第一波上涨 68%，缩量上涨，主力采用拉升式吸筹。

②调整：缩量回调到 20 日均线附近，成交量最大萎缩 73%。

③介入点：确认支撑的那根标志性阳线（3.18）。

④持有：按 10 日均线持有，MA10 拐头，K 线收盘在均线之下，出场。

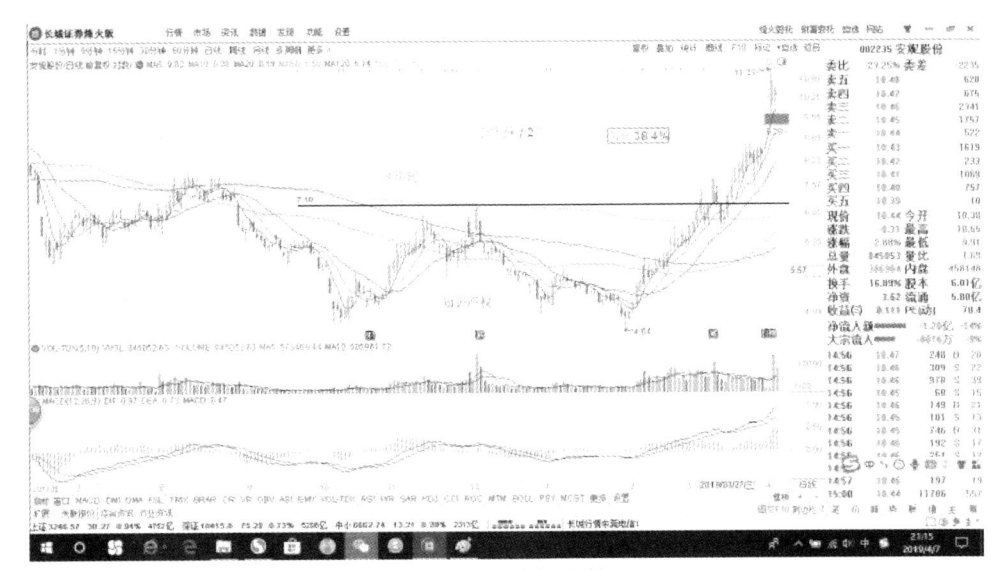

图 23-4　安妮股份

5. 上港集团：上海自贸，见图 23-5

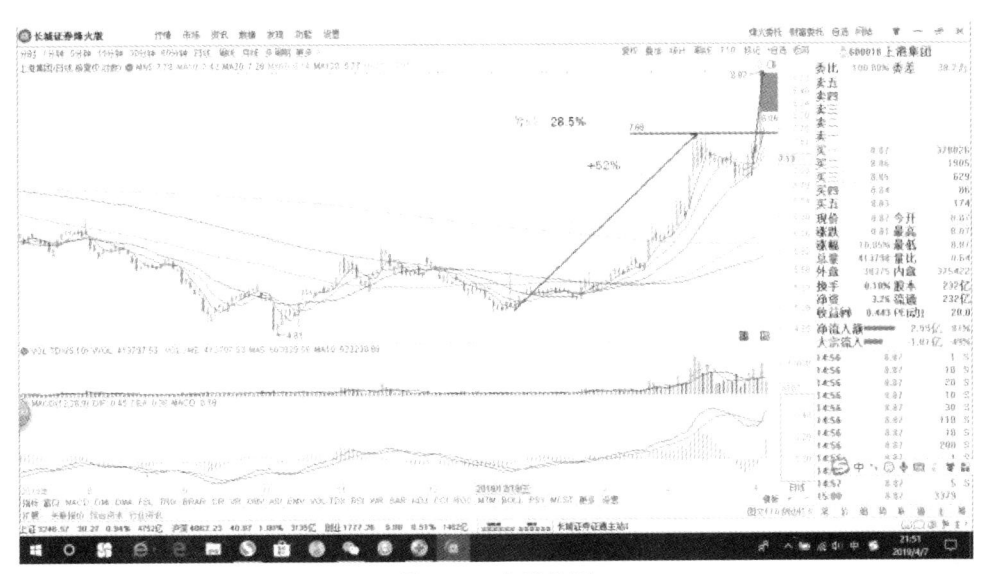

图 23-5　上港集团

特征：①第一波上涨 52%，沿 5 日线温和放量上涨。
②调整：缩量回调到 20 日均线附近，成交量最大萎缩 82%。
③介入点：确认支撑的那根标志性阳线（3.29）。

④持有：按 5 日均线持有，MA5 拐头，K 线收盘在均线之下，出场。

6. 易见股份：妖股，见图 23-6

图 23-6　易见股份

特征：①第一波上涨 110%，沿 5 日均线温和放量上涨。

②调整：缩量回调到 20 日均线附近，成交量最大萎缩 80%。

③介入点：确认支撑的那根标志性阳线（3.26）。

④持有：按 5 日均线持有，MA5 拐头，K 线收盘在均线之下，出场。

7. 外高桥：上海自贸，见图 23-7

特征：①第一波上涨 55%，沿 10 日均线温和放量上涨。

②调整：缩量回调到 20 日均线附近，成交量最大萎缩 83%。

③介入点：确认支撑的那根标志性阳线（3.29）。

④持有：按 5 日均线持有，MA5 拐头，K 线收盘在均线之下，出场。

8. 金财互联：区块链，见图 23-8

特征：①第一波上涨 127%，沿 5 日均线斜率上涨。

②调整：缩量回调到 20 日均线附近，成交量最大萎缩 78%。

③介入点：确认支撑的那根标志性阳线（3.28）。

④持有：按 5 日均线持有，MA5 拐头，K 线收盘在均线之下，出场。

图 23-7　外高桥

图 23-8　金财互联

9. 紫鑫药业，见图 23-9

特征：①第一波上涨 116%，沿 10 日均线斜率上涨。

②调整：缩量回调到 20 日均线附近，成交量最大萎缩 70%。

③介入点：确认支撑的那根标志性阳线（3.15）。

图 23-9　紫鑫药业

④持有：按 10 日均线持有，MA10 拐头，K 线收盘在均线之下，出场。

10. 东风股份：对标妖股劲嘉股份，见图 23-10

图 23-10　东风股份

特征：①第一波上涨 83%，沿 10 日均线斜率上涨。

②调整：缩量回调到 20 日均线附近，成交量最大萎缩 70%。

③介入点：确认支撑的那根标志性阳线（3.18）。

④持有：按 10 日均线持有，MA10 拐头，K 线收盘在均线之下，出场。

小结：

（1）强者恒强：第 1 波的上涨幅度越大越好，单边拉升，主力需要出货的时间和空间。

（2）回踩缩量：回踩时成交量明显萎缩比较好，最小成交量比前波最大成交量萎缩 70%~80% 为宜。

（3）板块概念：上海自贸、化工、区块链、医药、妖股对标等。

（4）估值优势：第一波大涨之后的动态 PE 在 20~30（或者更低）。

（5）个股节奏：拉升时，沿 5 日均线或 10 日均线上行，回踩时跌破 20 日均线放弃。

（6）盘子中等：流通市值 100 亿~200 亿元为宜，太大影响弹性，太小影响流动性。

四、牛股第二春的博弈方法

1. 候选标的收集

养成复盘并收集强势股票的好习惯，可以放置在股票文件夹里观察或等待回调的出现。

2. 筛选和剔除

根据以上总结的强势股标准进行筛选，剔除弱势的或不符合条件的。

3. 按规则博弈

回踩 20 日均线，收阳线的那天买入，可以在收盘前 15 分钟，确认红盘买入。

五、可能存在的问题

如何识别是二次上涨还是做双头？

①上涨斜率。②成交量。③板块共振。④出货识别。

案例分析：财通证券，见图 23-11

图 23-11　财通证券

上涨斜率：尚可。

成交量：萎缩明显。

回调幅度：太深，没有在 20 日均线获得支撑。

结论：疑似构筑双头，短线可参与，但非第二波段启动。

案例分析：东方财富，见图 23-12

上涨斜率：尚可。

成交量：上涨成交量不足。

回调幅度：太深，没有在 20 日均线获得支撑。

结论：第一波头部跑货太明显，短线可参与，波段价值不大。

● 第二十三章 如何捕捉牛股第二波 ●

图 23-12 东方财富

第二十四章　如何挖掘高送转牛股

一、"高送转"是A股的一朵奇葩

高送转简单理解为：股数增加，股价变小，股票数量增加总价值没变动。主要指送红股或者转增股票的比例很大，一般指10送5以上。实质是股东权益的内部结构调整，对净资产收益率没有影响，对公司的盈利能力也并没有任何实质性影响。高送转的本质是拆股，10送10则意味着一拆二。港股还有一种并股，例如每10股合并成1股，一般股价下跌成"仙股"，合并之后股价看起来好看一些。从这个意义上说，港股的风险大于A股。

高送转本质上是数字游戏，并不能提升公司内在价值，高送转只是股东权益的内部结构调整，对公司盈利并无实质影响；同时还有不少控股股东利用机会套现，以及一些游资利用预期派发。高送转炒作的存在和A股散户比例较高，机构投资者占比不足有关。推出高送转方案的公司，直观上有两个好处，一方面是觉得该公司很牛，另一方面除权之后股价瞬间变得便宜，存在补涨空间，此所谓"填权"。

高送转并不是送得越多越好，拆股过于频繁理论上有退市的风险。根据相关退市规定，A股上市公司股价连续20个交易日都低于1元，就会被交易所强制终止上市。2018年年底，A股出现了首家因股价连续低于1元面值而被终止上市的公司，中弘股份，最终退市时的价格仅为0.22元/股。

高送转行情是否能实现，主要看两个变量，一是大盘走势，二是监管松紧。2018年11月23日，沪深交易所分别出台新规，重新划分"高送转"和

"送转"的概念，严控"高送转"概念炒作。其中，上交所将上市公司每10股送转5股以上的股份送转行为定义为"高送转"。深交所则给"高送转"设定了严格的前提，包括最近两年同期净利润持续增长，最近三年每股收益均不低于1元，送转后每股收益不低于0.5元等。

监管的趋严和有一阵流行"土豪送转"有关，动辄10送20，10送30，一时间传统的10送10显得相形见绌。游资只追逐豪送转，普通送转则被冷落。一方面是豪送转的无底线，没边际，另一方面是因此而带来的过度炒作。

大盘的强弱，对高送转行情是否产生及其持续性影响较大。相对来说，弱势炒什么都不灵，大盘强势则恨不能把所有可供炒作的题材都挖掘一遍。这里面肯定少不了游资及部分散户的心头好——高送转，相关题材在较早前更加火爆，近年在监管层的严厉管控下有所降温，预计未来将会进一步回归理性。进入2019年，中级反弹行情如火如荼，牛市论喧嚣尘上，高送转再度被挖掘顺理成章。

就"高送转"而言，去年同期，披露每10股送转10股以上（含）的，沪深两市共有29家公司。而今年以来，只有1家，即中小板上市公司裕同科技。该公司拟每10股转增12股，同时每10股派发现金红利6元，吸足眼球。打"擦边球"的更多，今年出了很多10送4，人为变成"低送转"。主板上市公司中，截至3月25日，就有21家主板上市公司披露送转方案，拟每10股送转4股以上（含），距离"10送转5"仅一步之遥。

在中小板、创业板的上市公司，则有多家公司提出了每10股送转9股或以上的方案。比如正业科技提出了每10股转9.5股，中光防雷、力星股份、强力新材、耐威科技、名家汇、佳发教育、扬帆新材、正元智慧等提出了每10股送转9股等。此外，联创互联等12家中小板、创业板上市公司提出了每10股送转7股以上（含）的方案。整体来看，今年高送转比往年有所降温，未来可能更加理性。

案例分析：农尚环境，2019高送转龙头，上涨162%（截至4.9），见图24-1

3月14日晚间公布10送7.5的分配预案，次日起，连拉6个一字板，开板之后大胆介入，还有至少30%的上涨空间。

图 24-1　农尚环境

二、高送转的炒作特征

1. 阶段性

"高送转"历来是 A 股游资喜欢炒作的题材之一，尤其在市场氛围比较好的时候，一般分年报高送转和半年报高送转两个时期，上下半年各一次。上半年主要集中在 2~3 月，下半年在 10~11 月。熊市或趋势下跌，则炒作风气不太明显。

2. 时效性

高送转相关概念大约分为三类，已高送转、预高送转、送转潜力，已高送转是指已经除权完毕的，有点残羹冷炙的味道，参与的价值不大；已高送转是明牌，类似于当红花旦，其中的龙头就是"怡春院"的头牌，众多纨绔子弟追捧，流动性溢价也比较高。

3. 平衡市机会大

同样的高送转概念，在不同的市况表现不尽相同。在单边下跌的熊市中，高送转机会也不大，如 2018 年。但市场炒作的时间窗口依然存在，2018 年 2

月、11月分别有两波高送转行情，板块涨幅分别为17%、16%，如果能挖掘到龙头，则个股一个月收益30%~50%也是可能的。在牛市当中，由于不缺概念和题材，高送转的稀缺性并不明显，反而是在平衡市中，高送转有可能被众多资金挖掘，进而形成共振。最典型的是2017年，年度小阳线，11~12月，板块指数上涨126%，见图24-2。

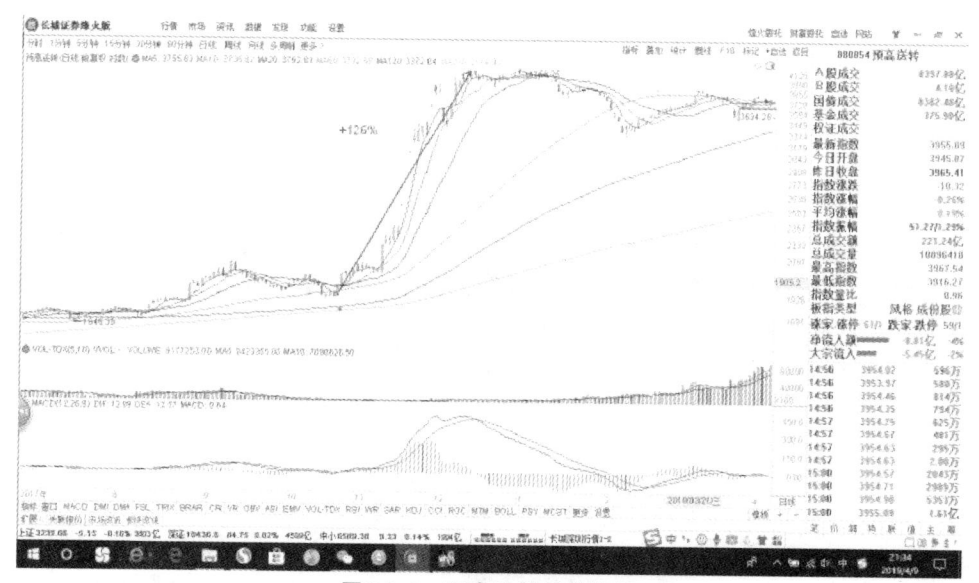

图24-2 预高送转板块指数

4. 不确定性

高送转板块是否有风，相关的龙头板块强势与否则至关重要。需要盯紧龙头，以决定自己的参与力度。一般来说，当高送转已经公告，则标的就成了明牌，多半股价已高。追怕被套，不追怕飞。就算追高你也不敢重仓，不如低位潜伏等风来。

三、如何挖掘高送转潜力股

高送转基本上等同于"次新股高送转"，股本小，历史套牢盘少，无机构投资者，资金消耗少，容易形成跟风效应。换手率高，容易撤退。

1. 高送转的必要条件

（1）未分配利润+公积金。越高越好，基本条件>5元，当然这不是绝对的标准，很多低于这个数的也照样发布高送转公告，本项是最基本的，也是最重要的指标。

（2）每股现金流含量。越高越好，基本条件>80%，现金流含量高，意味着未分配利润的真实性较高。

（3）上一期没有高送转。上市后最好没有过高送转，或者中报没有过高送转。如果业绩好，则很可能上一期现金分配较多，如果上一次已经高送转，则连续高送转的可能性很小。

（4）高价。高价是一个相对概念，个股单价越高，大股东越有高送转的冲动，送转之后股价降低，打开后期上涨空间。高送转龙头在送转前，股价高于30元的居多。好公司约等于好价格，股价太低则会有损标的的形象。

（5）小股本。总股本低于1亿元为佳，盘子太大的，很难进行高送转操作，证监会的监管相对也会更严一些。

2. 高送转扎堆的板块属性

案例分析：寒锐钴业，见图 24-3

图 24-3 寒锐钴业

（1）次新。上市不到 2 年，次新股一般盘子较小，如果业绩不错的话，会有强烈的拆股冲动。

2017 年年报：净利增长 575%（高成长），每股公积金 3.6 元，每股未分配利润 4.68，合计 8.28；股价 150 元（高价，前复权）；总股本：1.2 亿元；上市时间：不足一年；波段涨幅：90%！

（2）高成长。一般指业绩增速在 30% 以上。

（3）行业。行业特征并不清晰，主要看市场当下流行的炒作风格。

（4）炒作时间。年初小炒（重点看业绩），年底大炒（重点靠预期）。

高送转因素的炒作时间上一般集中在年底的 11 月、12 月，总股本较小、上市时间较短的公司天然有高送转意愿，尤其是低于 1 亿股、上市不到 2 年且没有推出过年报高送转的公司。

四、高送转股票的操作策略

1. 第一时间介入

在上市公司公告高送转消息的第一时间介入，不排除消息发布的时候标的已经有一定幅度的上涨，某种意义上"走漏消息"是必然的，但更多的人还不知道，因此未来还有上涨空间。

2. 回踩介入

如果高送转消息公布后涨幅不大，则可能吸引游资的介入，当然，需要一定高换手和洗盘。假阴线洗盘比较多，如泰嘉股份，二次启动，如天目湖。

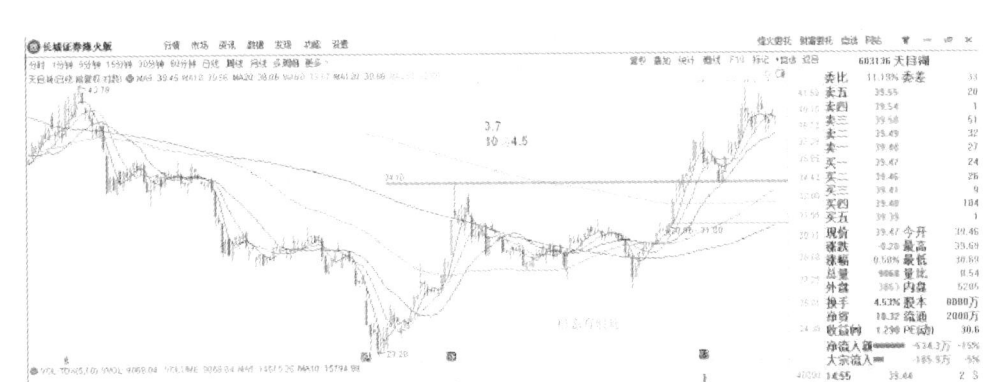

案例分析：天目湖，见图 24-4

图 24-4　天目湖

3月7日公布 10 送 4.5 的预案，次日大阴洗盘，以造成利好兑现的感觉，实际上主力资金并没有完成派发，其后缩量回踩颈线，在 20 日均线附近开启"牛二模式"。

3. 高送转的陷阱

业绩一般，消息公布前涨幅较大，随后"见光死"。

案例分析：弘信电子，见图 24-5

2019年3月7日晚间公告 10 转 7，次日早盘冲高，一度上涨 8.45%，随后一路下跌，一周下跌 20%，杀伤力不容小觑。年报业绩增长 63%，成长性不错，但消息公布时，股价已经翻倍。

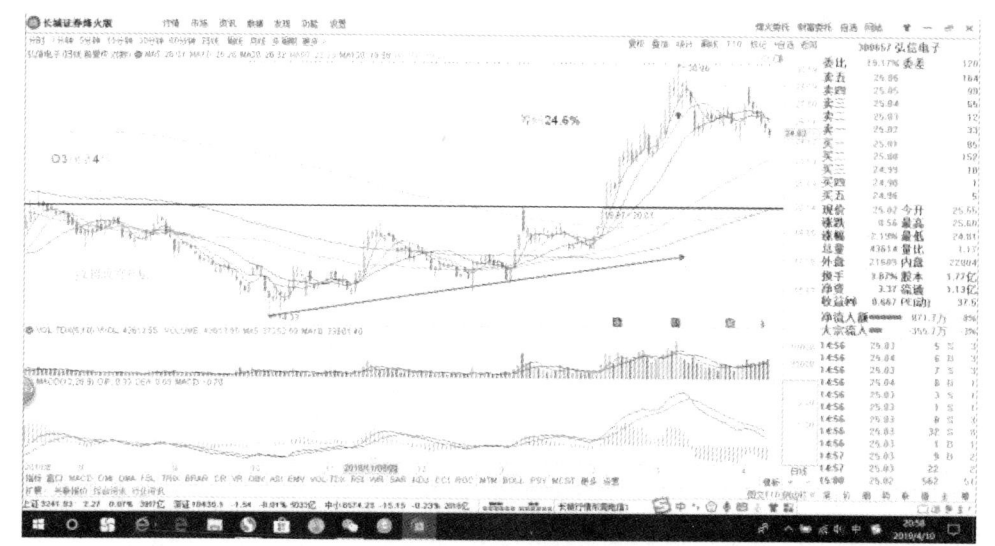

图 24-5　弘信电子

4. 筹码

筹码分散，则说明主力派发大半完成；筹码相对集中，则后续拉升空间较大。以弘信电子为例，分配方案公布时，筹码已经明显发散，说明有"知情者"抢跑。

5. 大盘强度

高送转消息发布以后会有何种表现，或者能有几个板，主要取决于当时大盘的强度。5个一字板以上，则再度追入的获利空间有限，有时甚至被埋。原则上不超过3个板，还有一点的参与价值，所谓"三板不追"。

6. 热点稀缺

一般来说，当板块炒作没有方向的时候，高送转概念更容易被资金挖掘。

小结：

（1）高送转概念最适合的市况是平衡市（震荡偏强）。

（2）每年博弈高送转的最佳时机是11月，其次是2月。

（3）高送转公布后无惧一字板，开板大胆介入，因为不拉高换手主力出不来。

（4）利好消息公布后"见光死"的，要注意区分是出货还是回踩洗盘，二次博弈的机会并不鲜见。

（5）按照以上高送转潜力的标准选股，就算最后没有高送配方案，股票质地也不差。

第二十五章　牛股陡峭上涨的玄机

在牛市行情或大级别波段进入尾声的时候，随着市场热情的高涨，指数或者个股往往迎来喷顶期（冲顶）。多表现为指数快速拉升，强势个股连续、陡峭上涨，伴随着成交量、换手率的急剧放大，股民狂欢，股价癫狂。

进入快速拉升期，散户恐高心理加剧，想追又不敢，结果第二天继续暴力拉升。此时，市场游资（敢死队）将迎来属于他们的盛宴。高位接盘、连板加仓是他们的看家本领，追涨买入之后或许还能再赚两个涨停，此所谓"撑死胆大的，饿死胆小的"。

泡沫总是美味的，尤其在泡沫破灭之前。行情喷顶期，一周的涨幅可以抵上过去一个月，1000万元的市值，短期再赚一千万元并非天方夜谭。牛股陡峭上涨，无疑是持仓者的福音。如何在牛股暴拉初期骑上牛背？如何在颠簸（洗盘）过程中不被甩下来？更重要的是不被疯牛踩踏受伤？

一、案例分析

1. 世龙实业，见图 25-1

板块：化学原料（有风）。

盘子：远端次新，流通盘 20 亿元（启动时）。

业绩：Q1 大幅预降 75%~95%。

形态：9 个月的底部形态突破 + 沿 5 日均线暴拉。

利空：2019 年 2 月 27 日，股东减持 1%（轻微）。

筹码：27%。

图 25-1 世龙实业

换手：启动前换手率在5%以内。

暴拉：4天上涨61%，4.4：开盘20分钟封板。

2. 中交地产，见图25-2

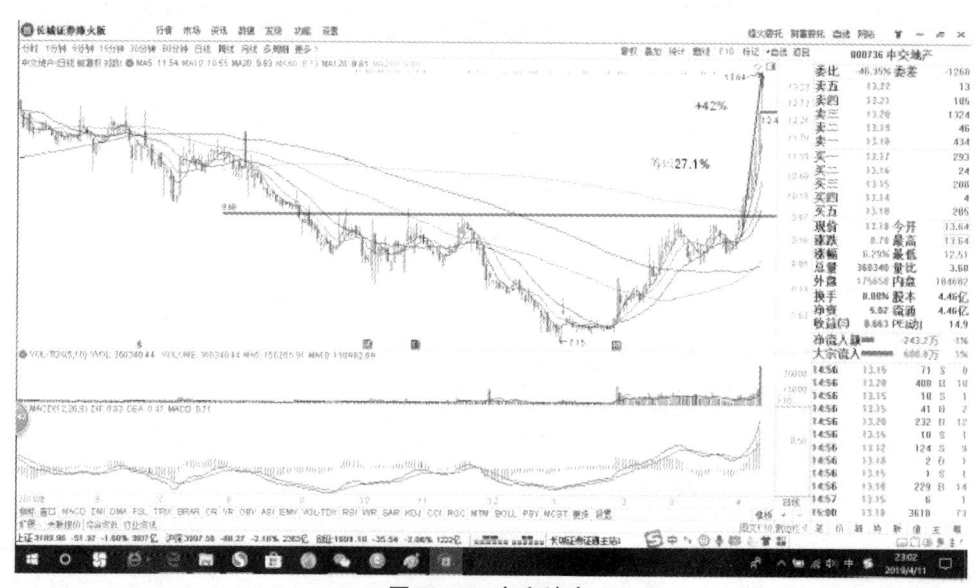

图 25-2 中交地产

板块：房地产（补涨机会）。

盘子：流通盘 40 亿元（启动时）。

业绩：Q1 大幅预降 75%~95%。

形态：5 个半月的底部形态突破+沿 5 日均线暴拉。

利空：2019 年 3 月 14 日，股东减持 6%（中等）。

筹码：29%。

换手：启动前换手率在 3%以内。

暴拉：7 个交易日上涨 42%，4.4：开盘 20 分钟封板。

3. 安妮股份，见图 25-3

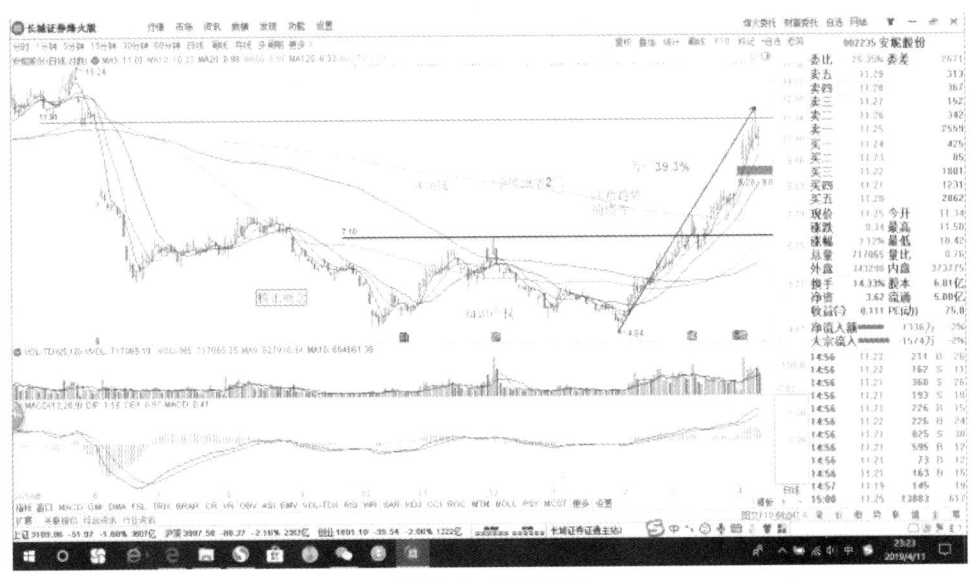

图 25-3　安妮股份

板块：区块链、知识产权（有风）。

盘子：流通盘 33 亿元（启动时）。

业绩：年报翻倍，Q1 翻两倍（业绩加速）。

形态：5 个月和 7 个月的底部形态突破+沿 5 日均线暴拉。

利空：2018 年 11 月 27 日，股东减持 1.3%（轻微）。

筹码：15%、18%。

换手：启动前换手率在 10%~15%。

暴拉：突破后，上涨 63%。

4. 美锦能源，见图 25-4

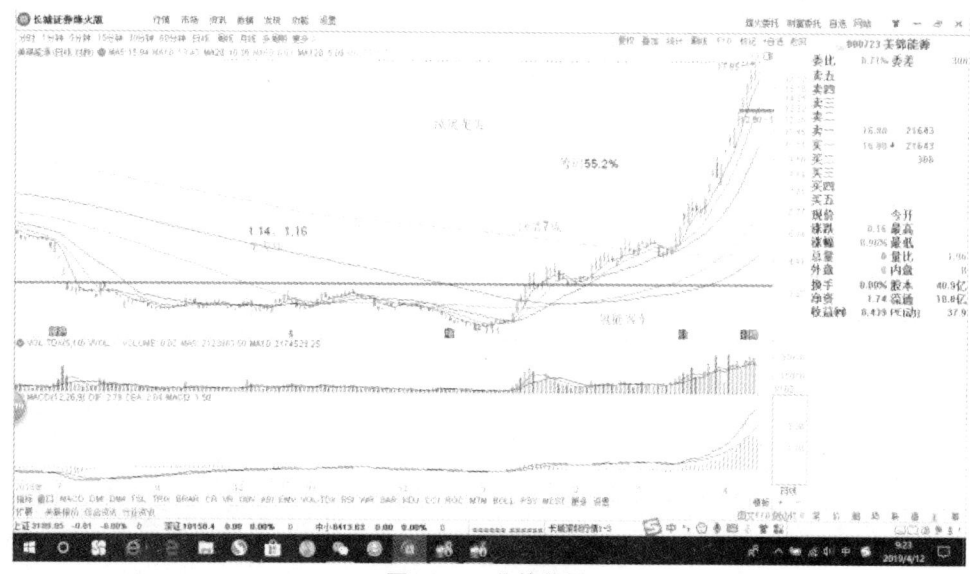

图 25-4　美锦能源

板块：氢能客车、燃料电池（有风）。

盘子：流通盘 50 亿元（启动时）。

业绩：年报预增 7 成，一季度增长 10%~20%（业绩好）。

形态：5 个半月+沿 5 日均线暴拉。

筹码：5%、10%。

换手：启动前换手率在 5%~10%。

暴拉：突破后，上涨 217%。

5. 紫鑫药业，见图 25-5

板块：医药制造（有风），工业大麻概念，同时符合陡峭拉升和牛二启动。

盘子：流通盘 60 亿元（启动时）。

业绩：年报预增 7 成，一季度增长 10%~20%（业绩好）。

形态：7 个月形态突破+沿 5 日均线暴拉。

筹码：11%、22%。

换手：启动前换手率在 3%~5%。

暴拉：突破后，上涨 182%。

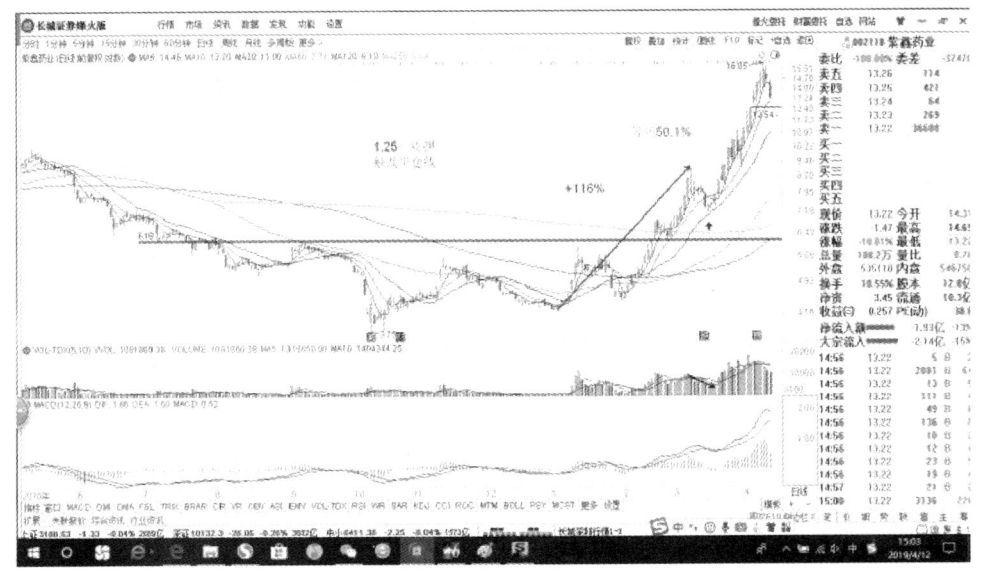

图 25-5　紫鑫药业

6. 元力股份，见图 25-6

图 25-6　元力股份

板块：化学原料（有风）。

盘子：流通盘 35 亿元（启动时）。

业绩：年报预增 7 成，1 季度预报增长 360%，实报预降 71%~80%。

— 175 —

形态：5个半月形态突破+沿5日均线连阳暴拉。

筹码：52%（表面分散，实际高控盘）。

换手：启动前换手率在3%~5%。

暴拉：突破后，上涨102%。

7. 劲嘉股份，见图25-7

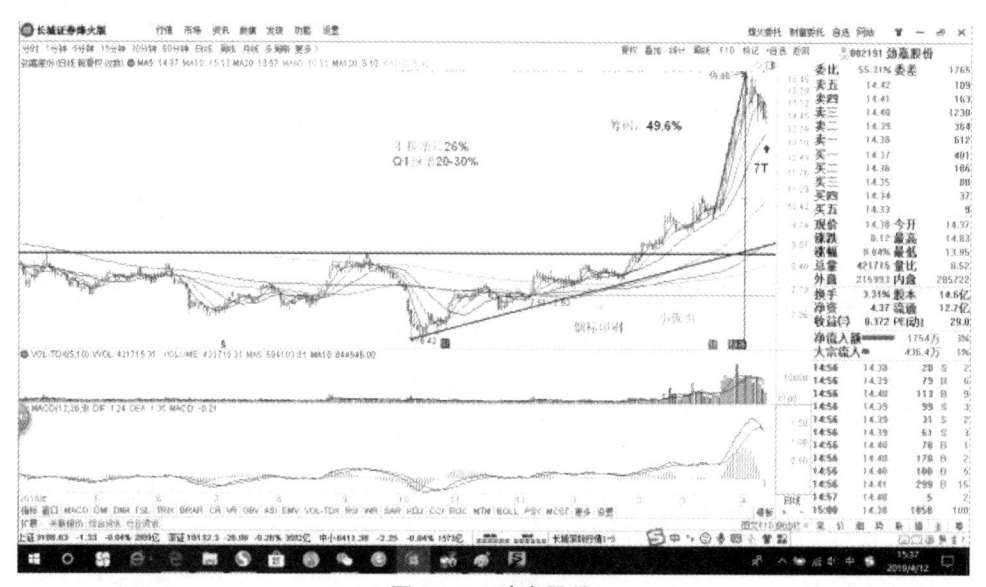

图 25-7 劲嘉股份

板块：烟标印刷（有风）。

盘子：流通盘35亿元（启动时）。

业绩：年报预增26%，一季度预报增20%~30%；动态PE：29（不贵）。

形态：12月形态突破+沿5日均线连阳暴拉。

利空：2019年2月22日减持1495万股（微弱）。

筹码：16%、21%。

换手：1%~2%（高控盘的节奏）。

暴拉：突破后，上涨85%。

8. 尔康制药，见图25-8

板块：医药制造，工业大麻概念。

盘子：流通盘65亿元（启动时）。

业绩估值：年报预降56%，一季度预报降-20%~0；估值尚可，业绩一

图 25-8　尔康制药

般，纯概念炒作。

　　形态：9 个月形态突破+沿 5 日均线连阳暴拉。

　　多空消息：2019 年 1 月 22 日获 27.7 亿元纾困基金。

　　筹码：19%。

　　换手：3%~5%。

　　暴拉：突破后，上涨 85%。

9.浙江龙盛，见图 25-9

　　板块：化工染料（有风），盐城化工园爆炸，涨价事件驱动。

　　盘子：流通盘 360 亿元（启动时）。

　　业绩估值：年报预增 60%，一季度预报降 20%~0；估值尚可，业绩一般，纯概念炒作。

　　形态：7 个半月形态突破+沿 5 日均线连阳暴拉。

　　多空消息：2019 年 4 月 11 日，股东减持 716 万股。

　　筹码：19%。

　　换手：3%~5%。

　　暴拉：突破后，上涨 136%。

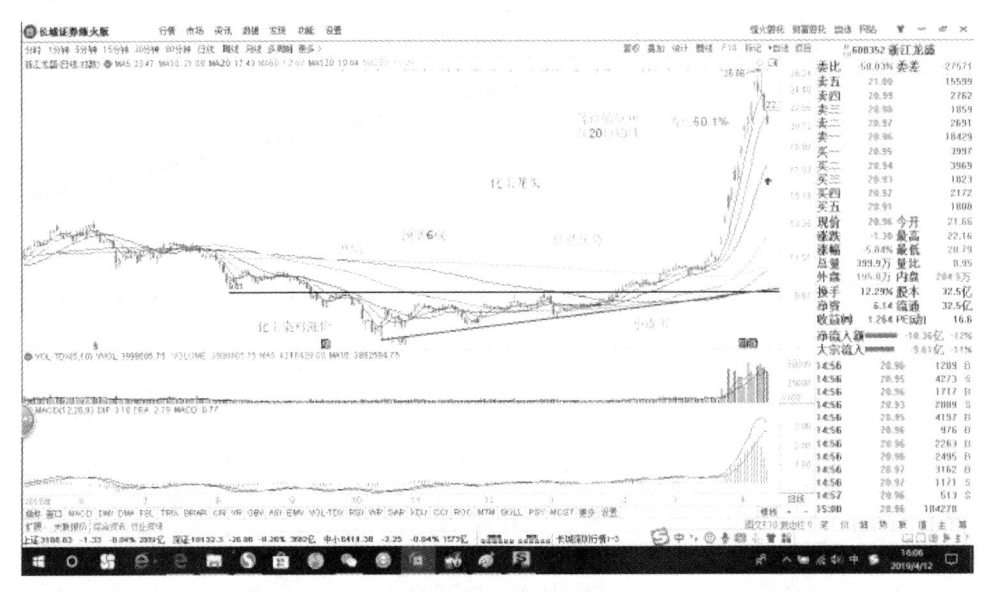

图 25-9 浙江龙盛

10. 中国应急，见图 25-10

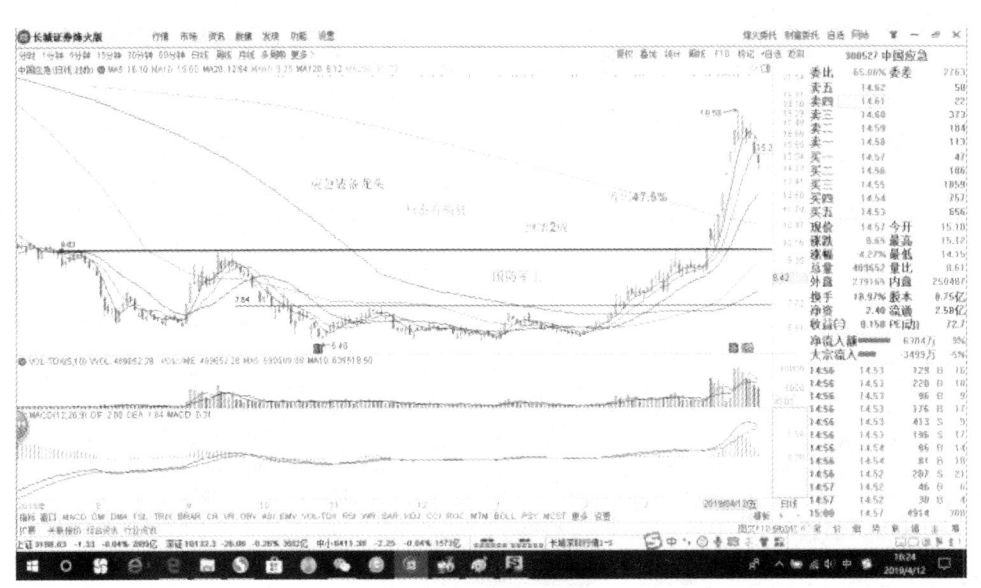

图 25-10 中国应急

板块：应急装备龙头，军工概念（有风）。

盘子：流通盘 25 亿元（启动时）。

业绩估值：年报预增 2 成，军工板块业绩一直不好，主要以概念炒作为主。

形态：8 个月形态突破+沿 5 日均线连阳暴拉。

多空消息：资产注入预期，南北船合并谣传。

筹码：9%。

换手：5%~6%。

暴拉：突破后，上涨 87%。

牛股共性总结：

（1）底部形态：强势个股都有底部形态的构建过程，构筑时间从 5~12 个月不等，平均 7 个半月。

（2）板块共性：化工 3 只，医药 2 只，军工、区块链、氢能源各 1 只，这些基本上都属于热点板块。

（3）业绩因素：大部分标的业绩较好、估值较低，但不是决定性因素，有年报不好的，也有季报较差的，概念炒作是主因。在 A 股市场赚钱，估值波动（贝塔）远大于内在业绩（阿尔法）。

（4）流通盘：流通市值偏小，除浙江龙盛以为，其余 9 只个股启动时的流通盘介于 20 亿~65 亿元，平均 40 亿元。

（5）筹码：筹码相对密集，大部分个股启动时筹码分布在 5%~22%。

二、如何识别和把握牛股暴拉段

个股出现暴拉且批量出现，多半大盘处于相对好的状态。实际上，牛股喷顶必须要在大盘强势时才比较常见，介入也比较安全。如 2019 年 3 月 29 日，沪指连续 3 日收在 20 日均线之下，为行情启动以来的首次。当天指数暴涨 3.2%，随后指数沿 5 日均线快涨了 5 个交易日，很多强势个股选择在后面的一周陡峭拉升，5 天之内，涨幅超 50% 的 23 只，涨幅超 30% 的过百只，大盘强势可见一斑。

在 A 股炒股票，合理的顺序是"大盘、行业、个股"，正确的动作是"低位、重仓、持有"。大盘处于上涨趋势，则个股交易安全，至少也要是个平衡市或震动市。"20线下不持股",即大盘指数收于20日均线之下,均线方向走横或向下,此时的博弈就要异常谨慎。如果手上的持仓也低于20日均线,则出场保住本金是第一选择。

在大盘相对安全的情况下,选择强势热点(有风)板块更为重要。A股散户居多,行为具有一定的"羊群效应",跟风炒作明显。部分基金、机构操作者也是从散户进化过来的,其交易行为也有"追涨杀跌"的影子。那么除了观察和判断大盘状况外,必须要正确识别当下板块的热点,以及联动性、持续性。例如前阵热炒的化工板块,化工本身业绩就比较好,估值偏低,今年启动较晚,前面涨幅不太大,有补涨的需求。龙头浙江龙盛在3月中刚刚完成大级别底部形态突破,发生"3·21响水爆炸案",引发相关化工原料涨价预期。在该事件驱动下,浙江龙盛在13个交易日内迅速翻倍。

有了大盘的安全,板块的热度之后,需要第一时间寻找龙头个股。比较理想的方法是技术面和基本面共振的标的,基本面信息比较滞后,也需要一定的专业背景。普通股民可以采用比较简单直观的方法来筛选,即"赛马不相马",板块中领涨的个股就是龙头,不用管它基本面怎样。例如工业大麻,在启动的初期,通过板块筛选,发现福安药业三连板,在板块中领涨,遂认定其为龙头。第四板开板介入,后面还可以收获4个涨停板。

三、牛股上涨斜率改变之前的技术特征

(1)涨势相对温和,一般沿10日均线上涨(一般暴拉段会沿5日均线上涨)。

(2)成交量稳步放大,缓慢推升。

(3)上涨放量,下跌则明显缩量。

(4)在上涨过程中,筹码始终处于相对密集的状态,说明有资金在拉升中吸筹。

(5)在形态突破发生后,多半会有回踩动作,或者放量假阴线吓唬散户,以摔掉浮筹达到轻身拉涨的目的。因为主力深信,在"牛市氛围下",从来不

缺高位接盘侠。

小结：密切关注符合条件的候选标的，一旦发现上涨节奏发生改变，可以大胆介入或加仓，以博弈暴拉段。

四、"寻牛诀"的实战应用

1. 鲁西化工，见图 25-11

图 25-11　鲁西化工

特征：6 个月底部形态突破；化工，强热点板块；杯柄形态；有牛股基因（前牛股）。

操作：3 月 28 日形态突破介入，按 5 日均线持有，破位走人。

2. 好太太，见图 25-12

特征：

（1）技术形态：6 个月底部形态突破，颈线位回踩夯实。

（2）流通盘：15 亿元，小盘，弹性好。

（3）板块：消费类，热度一般。

图 25-12　好太太

（4）业绩估值：尚可。

（5）均线节奏：20 日均线多次支撑，回踩缩量，可以尝试介入。

第二十六章 如何寻找龙头板块

一、A股的行情机会

　　A股行情根据涨幅大小一般分为大、中、小三类，或可称为"牛市""波段""反弹"等。汉语言博大精深，且表述长于定性，弱于定量，行情描述多有重叠、模糊、不易区分之处。例如大牛市和小牛市、小牛市和超级反弹、中级反弹的标准到底是什么等，如果用时间、空间来定义，则相对清晰，彼此之间不容易打架。2019年春季行情颇有争议，首先源于大家对"牛市"的定义不同。美国华尔街一般以指数反向波动超过20%作为技术性牛熊的判断依据，高点下跌超20%称为"技术性入熊"，反之为"技术性牛市"。中国股市成立时间短，机构占比小，投资者成熟度不够，导致市场平均波动率远超发达国家，外国的标准并不适用于国内。

　　一般股民口中的牛市指的是"大牛市"，是记忆中"鸡犬升天"的行情。过去20年算术平均每5年出现一次，上证指数平均涨幅248%，时间跨度1~2年，平均18.5个月（大约一年半时间）。笔者在2017年1月8日的"七年之痒"中指出，A股牛顶到下一个熊底之间，间隔为48~46个月，即4年左右。按照周金涛的周期理论，人的一生当中，可以遇到的改变财富人生的牛市大约会有三次，30多岁第一次，40多岁第二次，50多岁第三次。太小了没实力，太老了没胆量，故2019~2021年的牛市周期，是"80后"的第一次机会，"70后"的第二次机会，也是"60后"的最后一次机会。当然这是一种粗放的说法，早熟的"90后"、实力雄厚的"50后"照样存在。

不过A股历来"牛短熊长",只在牛市中操作往往会"等到花儿也谢了"。好消息是,除了大牛和大熊市,A股更多的是平衡市或震荡市,波段涨幅15%~50%的行情并不鲜见。如果说牛市对应的是指数月线级别的上涨,那么波段则指的是周线级别的行情。根据笔者的统计,A股大型波段机会平均每年有2.2次。剔除掉大约36%的失败的波段机会,大约每年还有像样的波段机会1.4次,对于高手来讲,已经足够了。除了周线级别的波段行情,更小的还有日线级别的反弹,指数涨幅5%~15%,个股空间10%~30%。日线反弹平均每1.6个月出现一次,是短线客的福音。

以上统计数据表明,A股并不缺少挣钱的机会,但如果你缺乏足够的"忍手"耐心,长期在市场中"浸泡",则可能在好机会来临的时候,你的子弹已经消耗殆尽。又或者,你知道应该忍手,并离场观望,但长期疏于研究,真机会来临时,你反应不及,最终幡然醒悟时,已到梦醒时分。长期在"赌场"中观摩,又能耐心等待机会对心性的要求确实很高。可见投资是一场修行,能够保持"出世和入世同步",或者和市场保持若即若离的距离也许是最恰当的,也是最难得的。

不管怎样,在有限的行情时间,尽可能最大化获利是每一位市场参与者的追求。A股投机风盛行,散户"羊群效应",短期追逐热点一窝蜂,股民很容易成为被收割的对象。目前A股300多板块,3700只标的,选股难度大,机构也有抱团取暖的倾向,故板块联动尤为明显。

当一波行情确立之后,寻找强势或领涨板块是博弈的关键。

二、板块波动的基本原则

1. 交替原则

股市波动是人类参与者心理活动及行为的合集,理论上属于大自然的一部分,所以市场波动也符合自然法则。如同斗转星移、日月交辉、四季变幻、生死轮回等,在股市中也会表现为牛熊交替、成长与价值风格切换、大票和小票跷跷板表现等。按照道氏理论和波浪理论的描述,板块及个股的上涨也会表现出上涨和下跌（调整）的交替，其内在驱动又可区分为五浪推动和三浪非推动。波动细节也有扩张和收敛交替，形态有平台和锯齿交替等，不一而足。

所谓交替原则，用中国传统文化智慧似乎更容易理解，如同易经中的阴阳转换。休养生息、过刚易折，"拳头缩回来再打出去更有力"等。笔者的"前牛不牛"原则盖因于此，比如去年流行大盘价值，很可能今年就走小盘成长。年初至今，银行等大盘价值板块涨幅并不大；相反，5G、工业大麻、氢能源等科技板块则掀起了一股"估值革命"，其背景就是上半年科创板推出的影响。A股题材炒作，基本上都遵循着"讲故事—信故事—炒故事—故事破灭"等路径，价格最终都将回归价值，即在一定价值约束下的估值波动。

任何一种风格都不可能在一个方向一直持续发展，总有强弩之末或者否极泰来的时候。2019年春季行情持续了3个多月，上证最大涨幅35%，再美的花儿也不可能涨破天花板。大盘总有休整的时候，在"春牛结束"之后，就算大势下跌也会出现部分板块逆势上涨。当调整成为共识，一部分不愿意空仓的资金可能会集体选择防御板块，或者是最新季报业绩调整后，估值明显较低的板块和个股。

2. 轮动原则

除了交替原则，在行情发展过程中还存在明显的板块轮动现象，例如同样的周期股，钢铁、煤炭、建材往往节奏并不一致，也许会呈现出此消彼长或轮番上涨的节奏。春季行情的发展，第一批领涨板块以券商、5G为代表，后面猪肉、工业大麻、氢能源等板块接力，中间穿插着酿酒、燃料电池等交替表现。当某一大类板块确认启动的时候，例如大消费，你如果错过了酿酒，或许可以选择家电潜伏，等待轮动。又如果钢铁突然拉涨你不想追高，可以像围棋那样"脱先"，选择新战场，例如相关性比较高的有色。A股历史上"煤飞色舞"多有表现。

股市获利的关键在于追求确定性，只有确定性较高才可以重仓，如果不能重仓就算轻仓抓到牛股也无济于事。重仓的首要条件是买点安全，不追涨是要义，尤其是基金管理者。在预判大盘风向的情况下，提前埋伏，相对低点建仓，等待轮动或许是比较稳妥的办法。一旦风口吹到你潜伏的板块，则很容易获得成本优势，而成本优势是构建持仓心理优势的关键。

理解了交替原则、轮动原则，对于识别盘面的风格切换具有现实的操作意义。

三、捕捉龙头板块的要诀

1. 认清风格阶段

认清大盘风格阶段，包括一定的趋势分析，市场是上涨还是下跌，进攻还是防守。大盘处在何种位置，是上涨的哪个阶段，初期、中段还是末端？调整的级别和阶段等，如同围棋博弈中的"形势判断"，时刻都在进行，并影响下一步的攻防决策。

今年是科创板推出元年，势必引起一定的科创概念炒作或估值类比，例如5G和氢能源。但当题材炒作进行到后期，估值已经上天，再找不到安全的"净土"，则市场风格可能会发生转变。事实上，所有的题材炒作都是为了短期派发，只是每个人都不会相信自己是最后接到花的傻瓜。

不管牛熊市，A股每年在上半年，尤其是年初都会产生一波春季行情。货币相对宽松、基金"从头再来"、年报季报等驱动因素是每年都会重复出现的，"牛市"第一阶段"乱云飞渡"之后，第二阶段将回归一定的业绩风格，以追求确定性。可以说，初期靠情绪，后期靠业绩，如果这两个阶段都发生过了，则大盘调整无法避免。

2. 龙头板块的特征

龙头板块，或阶段性领涨板块，往往具备如下特征：超高的人气（以涨幅和成交量来衡量），反复活跃，有政策驱动（如5G），事件激发（华为事件），逻辑清晰（如牛市憧憬下的券商板块）等。最理想也重要的是多因素共振，共振条件越多，成为龙头板块的可能性越大。

比较好的选板块思路是逻辑分析和实盘相互验证，任何主观的分析结果都需要实盘的验证，而不能主观臆断。例如券商，所有像样一些的反弹都会产生牛市憧憬。今年再增加两点催化因素，如成交量的迅速放大和科创板（含权）概念。实盘验证可以用最简单的方法，例如阶段涨幅统计，第一周、第一个月的板块涨幅排名，如果券商阶段性领涨，则要观察其成交量是否同步放大，要按照趋势惯性思维对该板块进行跟踪。

技术特征，以券商板块为例，2019年2月18日，板块指数放量大涨5.77%，日线、周线同步形态突破，此处要敢于大胆介入，因为很可能板块行情的级别放大。客观上，要以趋势跟踪的"平常心"为主，而不是主观地"恐高"，见图26-1。

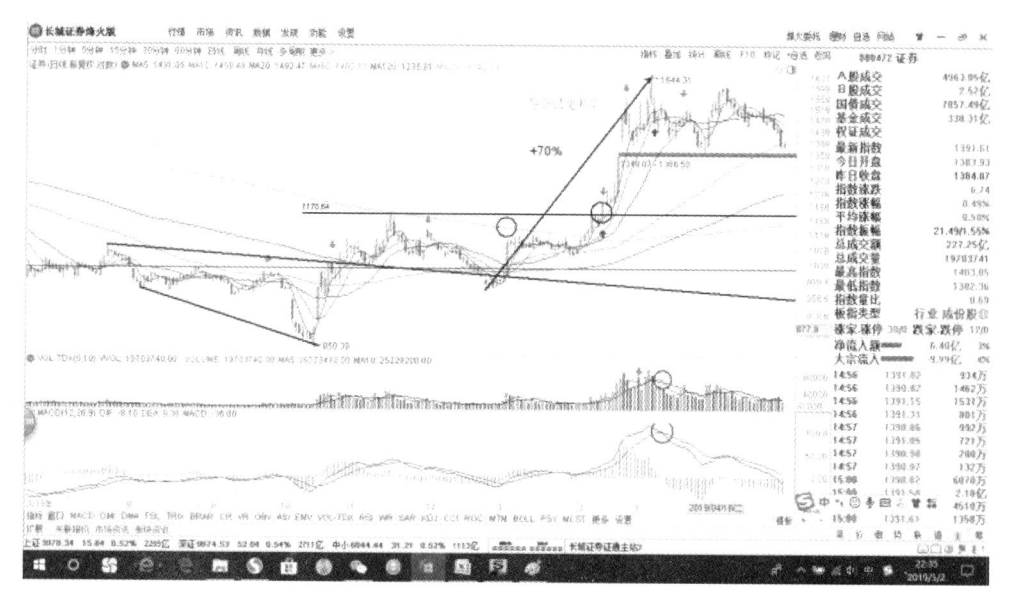

图26-1　券商板块指数

3. 时机选择

从上文分析可以获知，大盘板块变化或轮动有着一定的内在逻辑，要和主流资金同步做"先知先觉"者，而不是做被动跟风的对手盘。

当这轮行情确立之后，船舶板块因为有"重大事件"驱动，一定会有所表现，大可以提前埋伏。实盘，3月6日为第一波，此后出现了调整，在3月底的时候再起一波，随后开始拉升式派发，一直到4月18日到达波段顶点。此后，任何一天的接盘都是被派发的对象。关于时机选择，打提前量是关键，见图26-2。

图 26-2　船舶板块指数

小结：

A股市场齐涨共跌，潮起潮落，鱼龙混杂，"谍影重重"，如果不能尽快把握龙头板块，则获利就会变得相当吃力。今年"牛一"波，从2440点（1月4日）涨到3月7日的3129点，指数上涨28%。高贝塔值涨幅位居榜首，上涨70%，其次分别是证券、猪肉、次新、OLED、国产软件（+57%）。所谓阿尔法是价值，贝塔是估值，本轮行情最明显的特征就是"估值重构"，如果过分侧重价值，则很难跑赢市场。

四、"寻龙"可能遇到的问题

1. 主观、人为判断

大部分股民比较浮躁，缺乏独立思考精神，喜跟风，少定力。以自己的经验、知识或主观判断为主，忽视市场已经出现的"真龙"，例如猪肉。错失第一阶段的上涨并不遗憾，但重要的是行业解读，猪周期对板块业绩的影响，尤其是涨价因素，历来是牛股上涨的催化剂。

2. 不能区分哪些是价值驱动，哪些是概念驱动

无论是价值驱动（潜在的业绩变动，如券商）还是概念驱动（如5G），都可以带来整个板块的行情爆发。由于内在的逻辑不一样，可能导致投资者的困惑。如果对自己要求低一点，则可以坚守某一板块，在板块内部进行深度价值区分，直到选出心仪的标的，重仓介入即可，忍耐波动是赚大钱的必要条件之一，前提是你要选对标的。

3. 恐高

尽管散户普遍有追涨杀跌的习惯，但真正需要大胆追击的时候又会产生恐惧心理，或美其名曰"不想追高"。在股市赚钱的真相是，在趋势上涨过程中，唯一正确的买点只有两种，一种是买突破，另一种是买回调。而真正强势板块，多半回调的机会不多，如果你坚持买回调，且永远不追高的话，很可能会和龙头板块失之交臂。

在找到龙头板块之后，再挑选龙头个股就要容易得多。无非是进行财务数据对比，负面新闻排查，股东结构研究等。从纯技术眼光看，某种意义上，牛股是跑出来的，而不是选出来的。

第二十七章　如何捕捉"妖股"

一、妖股的特征

一般来说，市场跑出来的牛股多半都有强烈的概念色彩，或者是政策利好或者有行业突发因素。前者如5G，受益于政策扶持导致行业进入爆发期；后者如猪肉，通货膨胀预期叠加"非洲猪瘟"导致产品大幅提价，利好相关上市公司。

但仍有部分个股既没有业绩支撑，也没有特别的题材概念，仅有一些模糊的利好，在游资的运作下，股价短期暴涨1倍到几倍。笔者定义如下：所谓妖股，就是没有业绩支撑的牛股。其特征多为小盘，黏热点概念，短线暴拉，高换手，暴涨暴跌。

大盘相对安全但又缺乏明确的炒作主线是妖股诞生的"温床"，所谓"横盘出妖"。此时，游资会利用连续暴拉来吸引眼球，散户天然的"飞蛾扑火"特性会让妖股的上涨成为"自循环"，并在后期的高位派发中占据有利地形。

技术上，一般妖股的上涨多分为四个阶段。第一步，形态突破（图27-1的圆圈附近）；第二步，一字板上拉，多为3个板起步，也有5连板或更多的；第三步，高位换手，也称为"空中加油"，首批入驻的游资部分退出，新敢死队接盘，表现为成交量的明显放大（如图27-1的矩形框）；第四步，疯狂上拉，似乎每天都岌岌可危，但最后总能封住涨停（如图27-1红箭处，股价10个交易日翻倍）。

图 27-1 领益智造

小结:

严格来讲,该股是标准的"牛股",只是技术形态上符合妖股特征。有业绩支撑的是牛股,没业绩支撑的称为妖股。无论是牛股还是妖股,我们更重要的是总结技术上的共性,没必要剔除其中基本面优良的佼佼者而刻意追求妖股。

二、妖股的成因

1. A 股的市场环境

前文指出,中国股市设立不足三十年,无论是投资者还是监管层,本身都不够成熟,难免有各种各样的问题,甚至出"幺蛾子""一管就死,一放就乱"。A 股本质上是融资市,20 多年 3600 家上市公司,一共退市 110 家企业,累计退市率不到 3%。美国搞注册制每年退市达到 10%,这样才能实现优胜劣汰、新陈代谢。

A 股没有出清机制,如同神话传说中的"貔貅",只吃不拉,最终必然鱼龙混杂，股市也成为一个巨大的染缸。指数十年"上浮零"，把时间拉长了看，A股长期处于震荡市中。其中有一定斜率的上拉，是因为新股发行自然垫高了指数，内生增长有限。在这样的市场环境下，部分游资选择浑水摸鱼也是正常的。

2. A股的投资者结构

长期以来，A股投资者结构主要以个人为主，俗称"散户"。近年来，机构投资者比例逐年上升，但仍没有占据主导地位，甚至机构操作也有散户化的倾向，多表现为频繁交易、短线投机、追涨杀跌、一窝蜂等特点。

在非机构投资者中，有一部分相对特殊的群体，多以个人账户出现，但资金量较大，人称"大散""游击队"等。其中最负盛名的是"涨停板敢死队"，以江浙一带游资最为活跃，看似隐蔽、分散，实则联动，手法凶悍。这部分活跃游资，主导了大部分妖股行情。

小结：

银之杰是标准的妖股，因为没有业绩支撑，只有"互联网金融"这样的模糊概念。第一步，形态突破；第二步，连拉三个无量一字板；第三步，放量、高换手，快速拉升，两周涨幅80%！和上例（领益智造）不同，该股的第三、第四阶段是合在一起的，边拉边换手，见图27-2。

图27-2 银之杰

三、妖股的炒作要点

1. 市场风格观察

游资是全市场最活跃、嗅觉最灵敏的品种，市场一旦出现适合其发挥的条件，则立即病毒式生长。妖股炒作如同"病菌繁殖"，多半不会在阳光下进行，比如市场主题明确、价值投资风行，大盘高歌猛进的情况下，妖股反而缺少生存空间。敢死队发动妖股，多半会考虑散户愿意跟风的时段。例如行情上涨初期，散户惊魂未定，贸然拉动妖股如跟风者寥寥，则很容易让游资自己套在山顶。

大盘趋势性下跌时，如同凛冽的北风吹过，大地寸草不生，此时拉动妖股同样是自寻死路。春暖花开，环境湿润，风险不大，主攻方向不明，此时玩妖股正当时。

2. 操作标的确立

形态筛选：选择底部形态突破（平台或趋势突破，见图 27-3）。

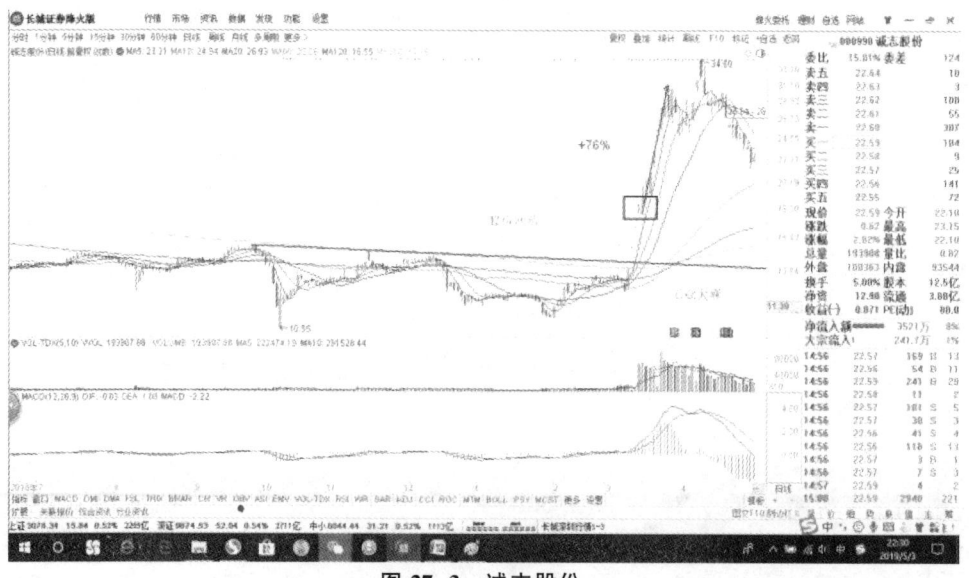

图 27-3　诚志股份

概念筛选：当下热点板块或题材。

流通市值：股票启动时，流通市值30亿~50亿元为佳，最好不过百亿元。

三板拉升：是标准动作，也是妖股升天的信号弹，可密切关注。

3. 分时买点

当以上条件都满足时，可以尝试在第三天集合竞价挂涨停板买入，不成交也没关系，第四天继续如此。买入后，可能会遭遇分时浮亏的"打击"，但没关系，这就是捉妖的成本。另一种温和买入方法，是耐心等待分时低点，等待价格上穿分时均价线再买入。两种各有利弊，前者激进，容易成交但可能价格稍高；后者相对稳健，但经常买不到货，见图27-4。

图 27-4　诚志股份，2019 年 3 月 14 日分时图

四、风险因素

1. 波动大

妖股之所以得名，就是因为业绩不支撑，短期涨幅大，因此天然波动性大，风险也较高。但所谓"富贵险中求"，也因此吸引不少短线客的参与。

2. 业绩不支撑

纯妖股多半靠题材支撑，完全没有业绩也没有题材的"三不靠"股，游资也没有胆量发动，因为没有号召力。捉妖一定要秉承短线思路，可以"看中做短"，但不能"看短做长"。

3. 对技术及心理要求高

妖股炒作对短线技术要求比较高，要求"眼疾手快"，买卖干净利落，不宜拖泥带水。分时技术、盘口技术对操盘均有帮助，破位止损也要"心狠手辣"，因为吃妖容易被妖吃，不是大肉就是大面。

股市博弈如同体育竞技，除了技术、基本面等方面的基本功，临场的心理状态也很重要。最好能做到"胆大心细，遇事不慌"，砍仓不皱眉是捉妖的基本要求。

风险提示：捉妖风险大，新手不建议参与，老手参与也需谨慎控仓！

小结：

比较理想的第一买点是2019年2月19日，形态突破日，如果当日没买进，则其后两天都是入场的机会。但按照妖股的模式，后面连续一字板之后的开板也是买点。该股不是标准的3连板，而是5连板，早期持仓人心态会产生微妙的变化。如果在2月28日盘前挂涨停买入，则次日最大浮亏7%，对心理是个煎熬，如果扛不住止损出局，则后面会错过两周翻倍的行情，见图27-5。

图27-5 大智慧

第二十八章　个股"T+0"战法

一、A 股"T+0"交易的定义

"T+0"交易本意指的是当天买卖，不受持仓要求的限制，一般商品期货、外汇市场等都采用"T+0"交易。1992 年 5 月，上海证券交易所在取消涨跌幅限制后实行了 T+0 交易规则。1993 年 11 月，深圳证券交易所也取消 T+1，实施 T+0。1995 年，基于防范股市风险的考虑，沪深两市的 A 股和基金交易又由 T+0 回转交易方式改回了 T+1 交收制度，一直沿用至今。

可以说，A 股"T+1"制度由来已久，大家都早就习惯了今天买，次日以后才可以卖的交易规则，配套的还有一个制度就是涨跌停。所有的交易制度都有其利弊或监管边界，适应就可以，只要不是"朝令夕改"就行。因为规则对所有参与者都一视同仁，市场也会慢慢形成适应当前规则的生态与炒作风格。"T+1"制度的本意是保护投资者，避免大家在波动过大的市场中遭受损失，却未能和国际惯例接轨。新开张的科创板则走了个折中路线，即仍然采用"T+1"，但涨跌停幅度限制由 10%放宽到 20%。

本章所说的股票"T+0"交易，指的并非真正意义上的"T+0"，而是在有底仓的情况下把握日内分时走势的高低点，买入新筹，卖出底仓；或先高位卖出，然后在低位补回，在收盘的时候持仓数量不变，但利用波动降低了成本。

A 股指数长期趋势宽幅震荡，个股短期波动频繁，如能较好利用日内波动降低持仓成本，长期累积下来的收益也相当可观。近年，有人成立专门的

"T+0"交易团队，帮投资者降低成本，尤其针对重仓且长期持有不动的股民。具体做法是不停做日内差价，但总持仓数量不变，套出来的现金做一定比例的分成。科创板上市之前，市场曾热议是否采用T+0回转交易，显然监管层也"动过心"，但最终还是担心对现有交易体系冲击太大遂作罢。

结论：T+1制度将在A股长期沿用，日内"T+0"交易是一种很重要、很实用的交易技巧，股民朋友可以参详学习。

二、"T+0"买卖法的优缺点

日内盘中高抛低吸看似很诱人，但对技术水平尤其是短线盘感要求比较高。一般专业机构会有一两个"T+0"高手，带领一帮"小孩"（年轻的下单员）分管多个账户，进行分时买卖。主管负责"喊单"，交易员负责下单。盘前一般会进行趋势研判，如果是震荡上涨，则一般采用低买高卖的策略；如果预判为震荡下跌，则可以先卖后买。

从大道来讲，"T+0"属于雕虫小技，价值派未必能看得上眼。但"积沙成塔，集腋成裘"，日内交易攒下来的碎银子，累积下来也很可观，尤其在行情低迷的时候。我认识一哥们儿，2018年单边下跌市，通过这种方法获得了百分之十几的收益率。长期盯着有限的标的操作，其实风险并不大，对个股的波动习性也会了如指掌。在掌握了一定的方法之后，日内买卖更像是一种体力活儿，所以并不适合上了年纪的股民。

该方法貌似简单，实则不易，并不适合初学者。对盯盘时间也有一定的要求，一般单位工作人员或没时间看盘的慎用。日内交易比较适合职业股民，尤其是一些大散、老游击队员等。"T+0"战法的最大缺点是容易做丢筹码，特别是当你选到一只牛股或强势股的时候。卖出之后，马上一飞冲天，期间的懊恼会"很酸爽"。做股市的长期赢家，自律、规则、执行力等品质尤为重要。一般股民，当标的"T飞"迅速上涨的时候，不愿意再追买回来，因而错失大段涨幅；另一种情形是，向下做T，仓位越补越重，最终被套牢。

向下无节制补仓是T+0买卖的大忌，要配套严格的仓位和资金管理。做

T就是做T，思路一定要清晰，目标要明确，不能"三心二意"，见异思迁。该方法可以用在熊市降低成本（长期被动持仓），用在震荡市效果更加明显，但在牛市或大级别反弹市中效率却不是最高。整体上，大部分时间都是适用的。

此外，除了时间上的投入，技术水平要求也不低。如了解分时均线、分时线形态、波浪理论等，对分时成交量、买卖盘口的变化也有一定的要求。对市场大级别趋势要有一定的前瞻性，如上涨趋势、下跌趋势、盘整，趋势的大小周期级别转换等。T+0买卖要求眼神好，反应快，年轻人或许更有优势。如同战场上的狙击手，对心理素质也有一定的要求。

三、分时"T+0"的买卖技法

以下介绍一些T+0的实用技法，最简单的是第一种"分时均线买卖法"。最实用的是第二种，"平台突破买卖法"。依据"波浪形态"买卖则相对高阶一些，且似是而非的图形比较多，不太容易掌握。配合分时成交量的买卖最有效，但对盘感要求比较高，要对盘口的变化比较敏感。阻力位、支撑位的预判更有价值，需要对个股做相对深入的研究，在排除业绩地雷的情况下做"价值博弈"，并对其过往的支撑和阻力位置了然于胸。

1. 分时均线买卖法

图28-1的苏盐井神（2019年7月17日），开盘不久，跌破分时均价线卖出，收盘前同等数量回补，持仓股数不变，但当天可获得3%左右的差价。

买入则反之，图28-2的益生股份（2019年7月17日），临近午盘，价格突破分时均价线，果断买入，在尾盘"尖顶"处卖出，当日获利7%。

图 28-1　苏盐井神，2019 年 7 月 17 日分时图

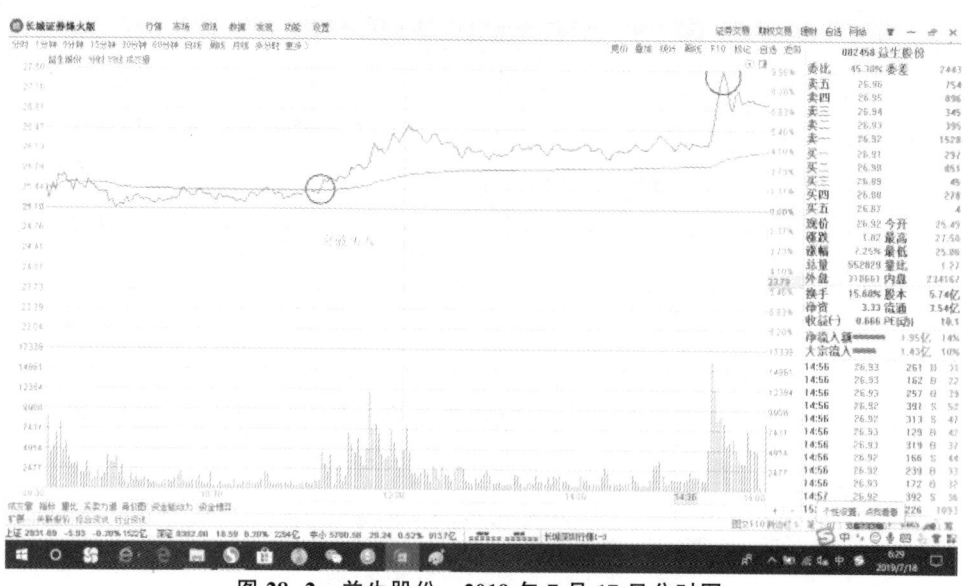

图 28-2　益生股份，2019 年 7 月 17 日分时图

2. 平台突破买卖法

图 28-3 的德美化工（2019 年 7 月 17 日），分时线横盘了一段时间，突破分时颈线位买入，收盘涨停，可选择在涨停板卖出补仓部分，底仓继续持有，当日获利 8.5%。

图 28-3　德美化工 2019 年 7 月 17 日分时图

反向，如遇价格长时间横盘，突然向下跌破均价线则要卖出。

3. 分时波浪买卖法

经验丰富的交易者，有时可以通过波浪形态来判断分时高低点，进而选择更高效的买卖点。图 28-4 的丰乐种业（2019 年 7 月 17 日），早盘上穿分

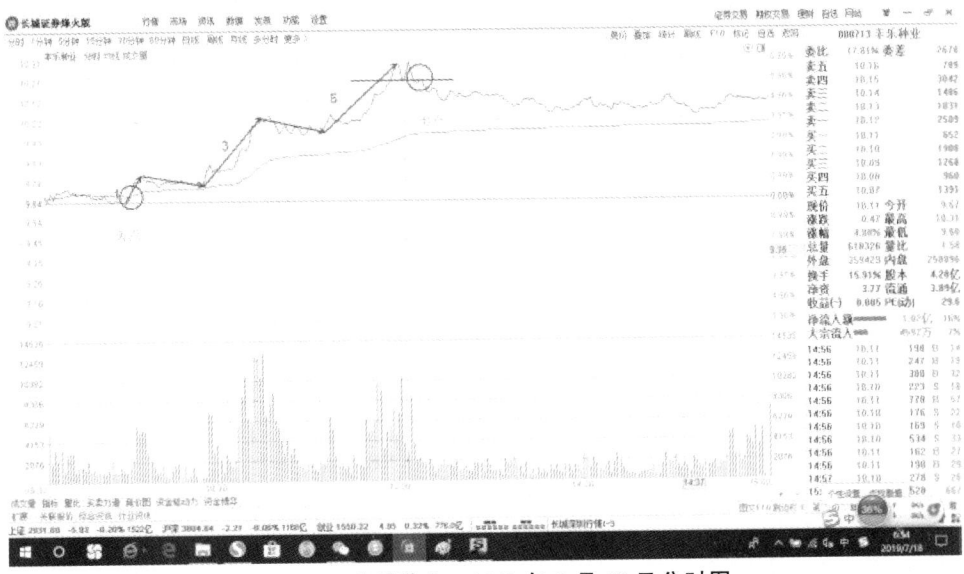

图 28-4　丰乐种业，2019 年 7 月 17 日分时图

时均线为买点，随后的回踩并没有跌破均价线（回踩不破点，理论上类似缠论的三买）。在完成分时5浪的上涨之后，午盘附近构筑了一个小M头，其后跌破颈线位，是较好的T出点，获利5%。

反之，日线下跌如果呈现清晰的5浪，则短线大概率会企稳，是较好的T买点。

4. 分时成交量的配合

成交量是技术分析里面很重要的指标之一，不仅适用于K线图，分时图也有一定的参考价值。成交量的核心在于判断趋势的延续与否，上涨放量则趋势延续，否则不可持续，下跌同理。图28-5的沃森生物（2019年7月17日），当股价上攻时伴随着成交量的瞬间放大，全天多次出现这样的情形，说明其上涨是有效推动。

图28-5 沃森生物，2019年7月17日分时图

此外，行情图右下方的盘口数据也有一定的参考价值，例如手数大小，买进还是卖出等（红盘、绿盘）。

5. 阻力位、支撑位的预判

"T+0"买卖如果和"价值博弈法"相结合，则是"最美组合"。所谓价值博弈，可以简单理解为价值选股+中短线交易，即按照可以中线持有的思路选股，然后利用日内短线波动进行套利。除了对个股做相对深入的研究，排除业绩地雷，重要的是选择中短线趋势向好的标的。

可以通过研究前期日线走势，根据均线、放量标志性 K 线来预判阻力位、支撑位，这样在分时交易中可能会利益最大化。图 28-6，诺德股份日线，2019 年 2 月 19 日当天放量大阳线的根部 4.29 元是为支撑，5 月 10 日最低打到 4.30 元获得支撑，6 月 10 日附近小破但随后收回。7 月 8 日最低打到 4.32 元，次日涨停。这是判断阻力、支撑位的方法之一。

图 28-6　诺德股份，2019 年 2 月 19 日分时图

四、"T+0"战法的注意事项

（1）声明：所有的个股举例仅为学术探讨用，不构成买卖推荐，据此买卖后果自负。

（2）有效性：笔者为了说明方法，多以成功案例列举，不代表所有的实盘操作胜率和获利都很高，不宜盲目扩大有效性。

（3）适用人群：该战法适合有一定资金量的股民，如果仓量太低则没什么意义，几万块钱，还不如全仓进出来得痛快。

（4）大行情慎用："T+0"做久了容易形成超短线的习惯，而在大牛市行情中，"捂股待涨"是更好的策略（前提是选股正确）。

（5）心态控制：要很清楚自己在做什么，在交易过程保持情绪稳定，不能心态失衡，尤其要注意不能越跌越买，也不能越涨越卖。

第二十九章　如何抓涨停

一、涨停板战法的原理

如上章"T+0战法"所述，日内假"T+0"源于T+1制度的安排，同样，涨停板战法的诞生和监管制度息息相关。常理，当一只股票的买盘远大于卖盘的时候，就可能导致涨停；反之也可能跌停。常见的股票运作一般分为吸筹、洗盘、拉升、派发四个阶段，游资偏好小盘、题材股，前者是因为盘子小，消耗资金少，后者是在拉升的时候需要理由以吸引跟风盘。

涨跌停多半都由主力资金主动发起，涨停多发生在拉升阶段。涨停板本身天然具有吸引眼球的效应，如果热点概念发酵，则比较容易吸引跟风盘。一只股票不一定只有一个主力或庄家，各地敢死队也可用"互通眼神"来确定是否有战友。如果实控人通过分散的账户联合买卖，则可能构成"证券操纵"，是违法的行为，但市场自发的换手则不在此列。

在主力资金拉涨停的过程中，会有不少小游资、大散跟风，形成"抬轿"效应，初始主力则在拉升过程中获利了结。其他参与者对此心知肚明，但自恃艺高人胆大，总认为自己是离逃生口最近的，且奔跑速度比别人快。一般来说，当日涨停板标的，次日大幅下跌的可能性较小，博弈者本身玩的也是概率。

打板也要分高低，位置越低安全性越高；反之则风险较大。在涨停拉升的过程中，换手率也很重要。如果在半山腰有新主力介入，通过高换手，老主力退出，则行情还可看高一线。一般情况下，老主力部分退出和新人一起联袂拉涨的可能性比较小，因为缺乏彼此信任，如同"囚徒困境"。

涨停板战法的季节性因素对收益影响也很大，市场环境好可能吃连板大肉，大盘走弱则可能吃大面，当天从涨停到跌停的"天地板"并不鲜见，此所谓"闷倒驴"。因此，抓涨停首要的事情是要分清淡旺季，即"可操作和不可操作"。重点观察次新指数、次新开板指数、连板、妖股等。不少游资选择行情好时"All in"，行情走弱则出门旅游避险。

如同股指期货一样，分多空两季，股票抓涨停只在股指的做多季才能玩，否则就休息，不玩。如果涨停板战法连续失效，则表明市场进入不可交易区。除了上涨和下跌趋势，A 股还有大量的盘整时间，对于股指期货就是"冬天"，对打板族同样不友好，属于涨停板战法的"垃圾时间"。此时最好能管住手，如果实在技痒，则只能小仓位过过瘾。绝不能在输钱过程中赌性大盛重仓出击，进而后悔莫及。

封板量是检验主力成色的重要指标，封板量越大，说明主力实力雄厚、封停的决心越大，游资或散户跟风就越踊跃。但这里面有个陷阱，即主力可以通过挂单、撤单来骗人，对跟风者的经验是个挑战。最好能识别主力的意图，是试单还是卖板，也有比较聪明的主力利用涨停板出货的。一般来说，如果股票连板较多或短期涨幅已大，此时的高位开板是出货的信号，跑路为上。

除了封板量的考量，封板的时机观察也很重要。有的开盘封涨停，有的临近午盘封板，也有尾盘打涨停的。整体来说，封板时间越早越好，封板量越大越好。尾盘封涨停多半"诚意不足"，次日一个低开就埋进去很多人，甚至诱发止损盘出逃。有时主力洗盘会用尾盘偷袭的招数，自己则在里面悄悄地高抛低吸。

二、抓涨停的有利因素

1. 季节

可以根据大盘走势来选择是否操作，月线级别的上涨是牛市，周线级别的上涨是中级反弹，抓涨停至少应该选择日线级别的多头行情，盘整的不要。

季节性要素还包括每年的大型会议如"两会"的时点，还有季报、年报等阶段性因素。

2. 市场温度

除了上涨趋势判断，也可以通过涨停板家数、连板指数等来判断水温，通常该指标和大盘指数高度相关，市场越热，打板成功率越高。

3. 热点题材

市场活跃通常伴随着市场热点的风起云涌，不管是政策面、消息面还是业绩层面，都可以成为制造短期热点的理由，其中事件驱动是主流。如果热点散乱，则显示市场人气不足，主力也不敢贸然发动拉板。

4. 市场情绪

市场情绪主要指投资者对利多、利空消息的反应，简单理解，如果市场出利多，市场不涨反跌，且被解读为利多出尽，则说明市场情绪较弱。反之，如果市场出利空，市场该跌不跌，则说明市场强势，市场情绪高涨，所谓"事出反常必有妖"。

5. 小流通盘

拉涨停资金消耗量较大，除非大牛市、资金面极为宽松，一般主力不敢选择大盘股冲涨停，主要原因是盘子太大，拉不起。所以大盘蓝筹股在行情较好的时候，往往表现为不涨停，但涨不停。短线炒作一般不太考虑总市值，以流通市值为参考，以50亿元之下为佳。

6. 共振

炒股票本质上是概率游戏，多因素共振是博弈的核心思想。季节因素、资金面、业绩、题材、盘子、技术形态等，如果能形成多因素共振则涨停的成功率更高，甚至不排除成为牛股、妖股的可能。在市场环境相对较好的情况下，"次新+题材"容易出现涨停或者连板。因为次新本身盘子小，没有历史套牢盘，有想象空间，短期不存在大小非解禁等风险。涨停板战法以技术面为主，短线不太考虑基本面，但基本面良好者优先，如果标的业绩好、估值低、有题材、板块处在风口等更容易起飞。

三、涨停板实战技法

1. 涨停板筛选

涨停是个股上涨最强烈的告白，同时也为了吸引游资的眼球。标的筛选分两种，一种是翻看涨停板上的个股，根据自己的喜好或其他条件来选择候选标的。先简单根据板块、盘子、形态、业绩等因素进行粗选，然后再细看财报进行排雷工作。

另一种是看5分钟涨速排名（沪市热键81），提前关注当日比较强势的股票。上涨行情可以关注涨幅7%以上的个股，当日封板的可能性不小。下跌或盘整市，可关注涨幅在5%以上的进行筛选。翻涨停板，如果涨停板数达到50只或以上，只看涨停板；如果在30只左右，则只看涨幅7%以上标的。

2. 首板排板

涨停板战法要求投资者判断敏锐，反应迅速，对交易者的经验、盘感有一定要求。在翻低位涨停板的时候，如果发现其各方条件符合自己的要求，则可以立即以涨停价挂买。不要以为涨停了就没有买入的机会，耐心在首板上排队，成交的可能并不小，尤其在涨停初期，市场还没形成一致预期的时候。

记住，我这里强调的是低位，不要断章取义，随便挂涨停入货。越是高难度的动作越要系紧安全带，越是打板越要看位置。

3. 集合竞价抢板

如果盘中没发现心仪的标的，在复盘过程中找到低位第一个涨停的股票，在尽可能多的因素共振的确认条件下，可以在次日早盘集合竞价阶段用涨停价挂单，博次日的继续涨停。在大盘相对偏暖的情况下，如果开盘没涨停，则会按开盘价成交，运气好当日即可有浮盈。

还有一种一字连板票，大盘向好则容易出妖。游资们的动作一般是在3板以内，会连续挂涨停排买，赌后面的连板。从筹码角度分析，牛股或强势股多半都有主力资金提前埋伏，一字连板是为了迅速拉出空间，脱离成本区。但最终也是为了获利，没有换手是不太可能完成出货的，敢死队往往会选择吃这种"猛兽牙缝里的腐肉"。

4. 次日回踩买入

也有相对保守的买入方法，即首板次日盘中回踩的，这里始终强调相对低位和相对安全性。次日的回踩并非一定指绿盘，高开低走再上的例案很多。有一个技巧可以留意一下，高开低走之后，走平，再上穿分时均价线买入更靠谱。

5. 风险控制

证券交易，风险控制当为第一要务，涨停板战法由于天然的高风险更要做好风险控制工作。首先是仓位控制，假设你有50万元，可以把资金分成10等份，5万块钱一颗子弹，一次只打一粒，除非特别有把握的时候才一次打两粒，即20%的仓位。其次是胜率判断，如果一段时间连续获利，则表明市场本身比较好，不要盲目自信认为是自己手艺高。胜率低则要自动降低仓位，减少操作频率。

徐俊说过：当你感觉操作手风不顺的时候，一定要停下来。

参考文献

[1] 乔治·索罗斯. 金融炼金术 [M]. 海口：海南出版社，1999.

[2] 艾丽斯·施罗的. 滚雪球 [M]. 北京：中信出版社，2009.

[3] 珍尼特·洛尔. 查理·芒格传 [M]. 北京：中国人民大学出版社，2009.

[4] 小罗伯特·R.普莱切特. 艾略特波浪理论 [M]. 北京：机械工业出版社，2011.

[5] 彼得·林奇. 战胜华尔街 [M]. 北京：机械工业出版社，2011.

[6] 威廉·欧奈尔. 笑傲股市 [M]. 宋三江等译. 北京：机械工业出版社，2012.

[7] 罗伯特·雷亚. 道氏理论 [M]. 天津：天津社会科学院出版社，2012.

[8] 马克·道格拉斯. 交易心理分析 [M]. 北京：电子工业出版社，2012.

[9] 阿瑟·L.辛普森. 华尔街幽灵 [M]. 北京：中国社会科学出版社，2012.

[10] 威尔斯·威尔德. 亚当理论 [M]. 太原：山西人民出版社，2012.

[11] 威廉·彼得·汉密尔顿. 股市晴雨表 [M]. 北京：机械工业出版社，2012.

[12] 吉拉尔德·勒伯. 投资生存之战 [M]. 天津：天津社会科学院出版社，2012.

[13] 霍华德·马克斯. 投资最重要的事 [M]. 北京：中信出版社，2012.

[14] 杰克·施瓦格. 金融怪杰 [M]. 北京：中国经济出版社，2012.

[15] 斯坦利·克罗. 期货交易策略 [M]. 太原：山西人民出版社，2013.

[16] 拉斯·特维德. 金融心理学 [M]. 北京：中信出版社，2013.

[17] 布伦特·奔富. 交易圣经 [M]. 北京：机械工业出版社，2013.

[18] 爱德华兹，迈吉. 股市趋势技术分析 [M]. 北京：机械工业出版社，

2013.

　　[19] 柯蒂斯·费思. 海龟交易法则 [M]. 北京：中信出版社，2013.

　　[20] 杰弗里·A.赫希. 驾驭股市周期 [M]. 北京：中国出版集团，2013.

　　[21] 维克托·斯波朗迪. 专业投机原理 [M]. 北京：机械工业出版社，2014.

　　[22] 亚历山大·埃尔德. 以交易为生 [M]. 北京：机械工业出版社，2014.

　　[23] 比尔·威廉斯. 证券混沌操作法 [M]. 北京：机械工业出版社，2014.

　　[24] 周洛华. 金融的哲学 [M]. 太原：西南财经大学出版社，2014.

　　[25] 拉里·威廉斯. 择时与择股 [M]. 北京：机械工业出版社，2016.

　　[26] 周金涛. 涛动周期论 [M]. 北京：机械工业出版社，2018.

后　记

　　证券从业人员有一大福利，小长假特别多，除了国家法定节假日，调休的周六、周日也一律不开市。2018年的国庆，难得遇到8天小长假。按理可以安排旅游度假什么的，不过国内小长假不是堵车就是数人头，想想觉得恐怖遂放弃。境外发达国家，早年做实业的时候基本玩了几轮了，不去也罢。

　　这么长的假期，总该干点什么，比如读个书？前面七年多时间，专业投资书籍读了300来本，写了读书笔记超过100本，坦白说有点审美疲劳。近两年除了特别优秀的作品，一般般的已经读不下去了。2018年9月29日上午，突然就有写书的冲动。一杯茶，一台笔记本电脑，噼里啪啦就写了起来。

　　首先开始写的是本书第二部分内容"技术分析精要"，第一章从最基础的"K线、分型"写起。相对来说，笔者的技术分析功底要强于基本面，抑或技术的层面相对简单容易一些。总之，一个国庆小长假，基本将技术分析章节完成了大半，随后再用两天趁热打铁，共完成了4万余字，由此奠定了本书的基础。

　　后面的写作还算顺利，写书没有明确的动力和压力，全凭个人一腔热血支撑。在"方舟忙哥"公众号读者和很多粉丝的鼓励之下，总算在2020年5月18日完成全部稿件。一瞬间如释重负，却也把"七年一剑"生生拖成了"八年抗战"。

　　作为正宗理工男，能写好文章已然不易，半路出家还要挑战财经类主题，则难度更高。以理工科的文笔加上半瓶水的功底，写投资类书籍多少有点不自量力。可是，人总是要有理想的，万一实现了呢？你能想象一位微胖的有膝伤的中年人，在2014年的时候，一公里都跑不下来的菜鸟，两年以后可以拿下全马？

　　2016年12月的深圳国际马拉松，本人参加了目前人生唯一的一次全马，

3小时52分50秒,达到马拉松三级运动员的标准。兄弟我一生碌碌无为,拿到马拉松三级运动员是我人生第一件得意的事情,赛后立即宣布退役。出版《七年一剑》,完成处女作是第二件得意的事情,或许在写书这个领域我不打算退役,但如果再出第二本,一定不会太得意。除非,拿下行为金融学博士可以成为人生第三件得意的事情。

2020年5月18日